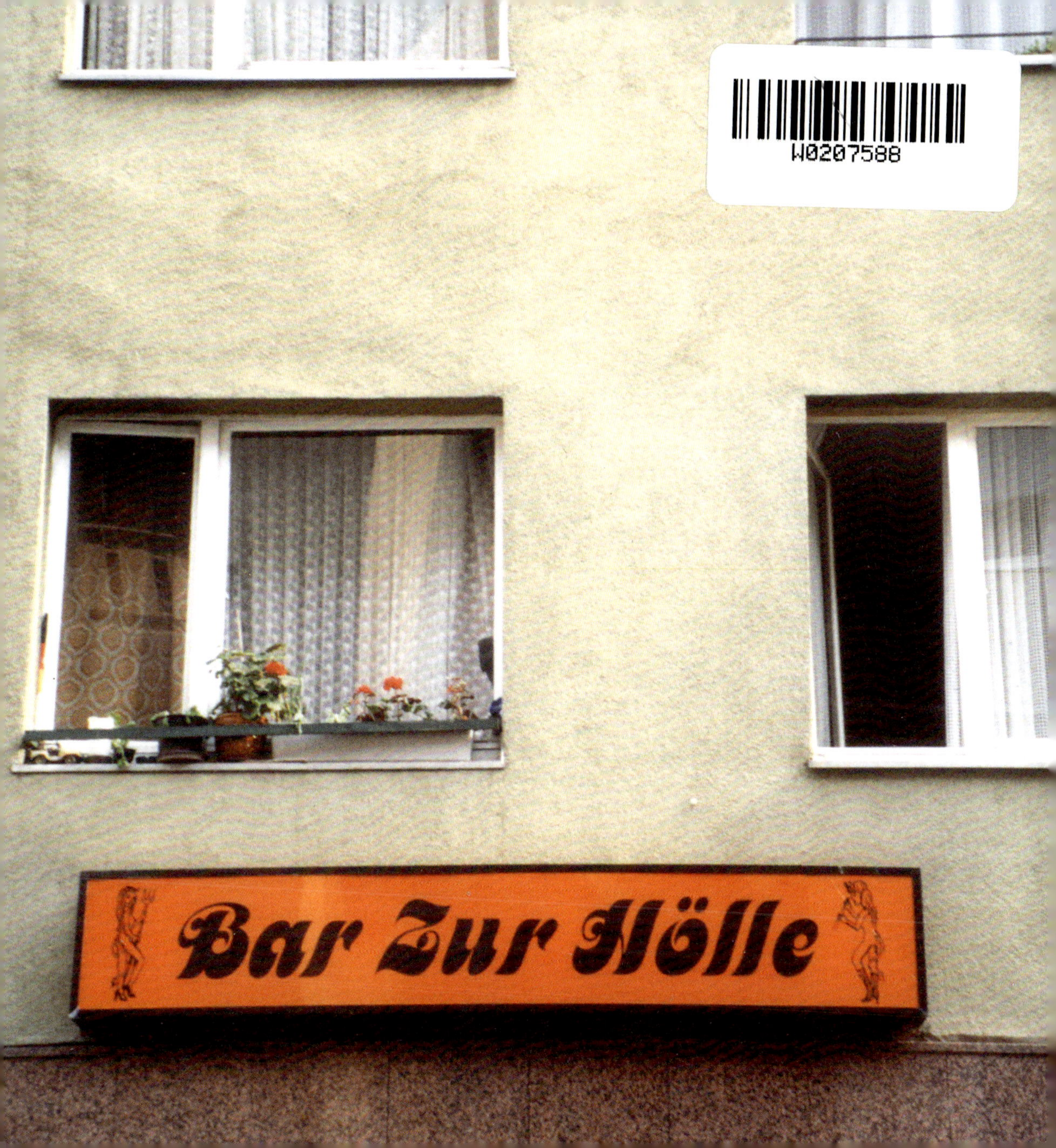
Bar Zur Hölle

Das Schäbige und Bizarre verschwindet zusehends aus den auf Hochglanz polierten Innenstädten – und mit ihnen die Liebenswürdigkeit und der Charme. Doch entlang der Ausfallstraßen findet man sie noch, die kleinen Läden, Werkstätten und Buden, die windigen Bestatter, die fragwürdigen Tanzlokale und heruntergekommenen Kleingärten. Trostlos und tröstend.

Fünf Jahre nach seinem ersten Bildband ›DanebenLeben‹ begibt sich Jess Jochimsen erneut auf einen Streifzug durchs städtische Hinterland und fördert Groteskes, Schillerndes, unfreiwillig Komisches, Schauriges und Schönes aus den Vororten zutage. In 120 Farbfotografien und zwei Dutzend Gedankensplittern zeigt er die »trotzige Würde« der Speckgürtel.

Jess Jochimsen, 1970 in München geboren, lebt als Autor, Kabarettist und Fotograf in Freiburg.

Bei dtv erschien 2000 sein Debüt ›Das Dosenmilch-Trauma‹. Es folgten ›Flaschendrehen‹ (Erzählungen), ›DanebenLeben‹ (Bildband), ›Was sollen die Leute denken‹ (Monolog), ›Krieg ich schulfrei, wenn du stirbst?‹ (Erzählungen) sowie der Roman ›Bellboy‹, der Christian Lerch zu seinem Kinofilm ›Was weg is', is' weg‹ inspirierte.

JESS JOCHIMSEN

LIEBESPAARE BITTE HIER KÜSSEN!

Eine fotografische Spurensuche im städtischen Hinterland

Deutscher Taschenbuch Verlag

»Man riecht – wie kommenden Schnee – Beton, als läge er schon in der Luft.«
Nicolas Born

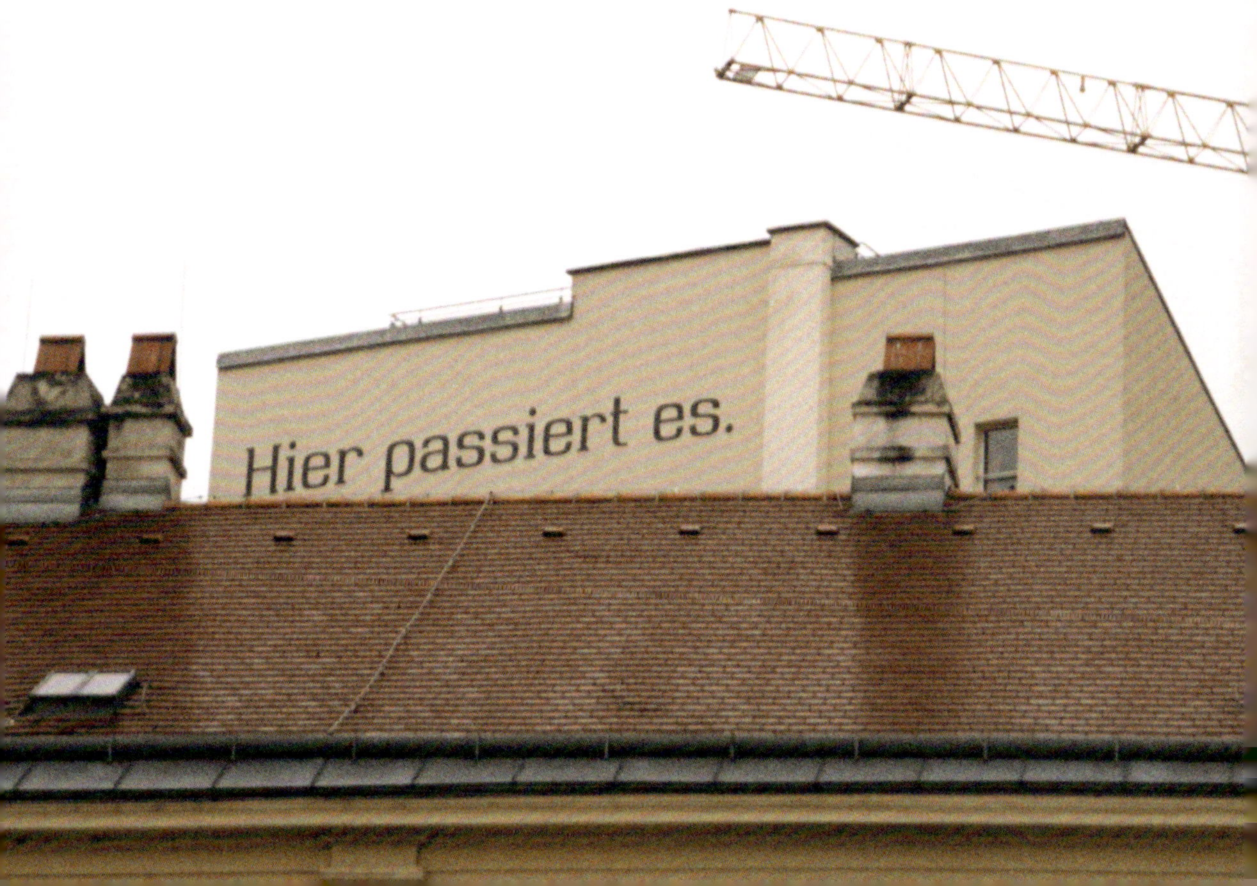
Hier passiert es.

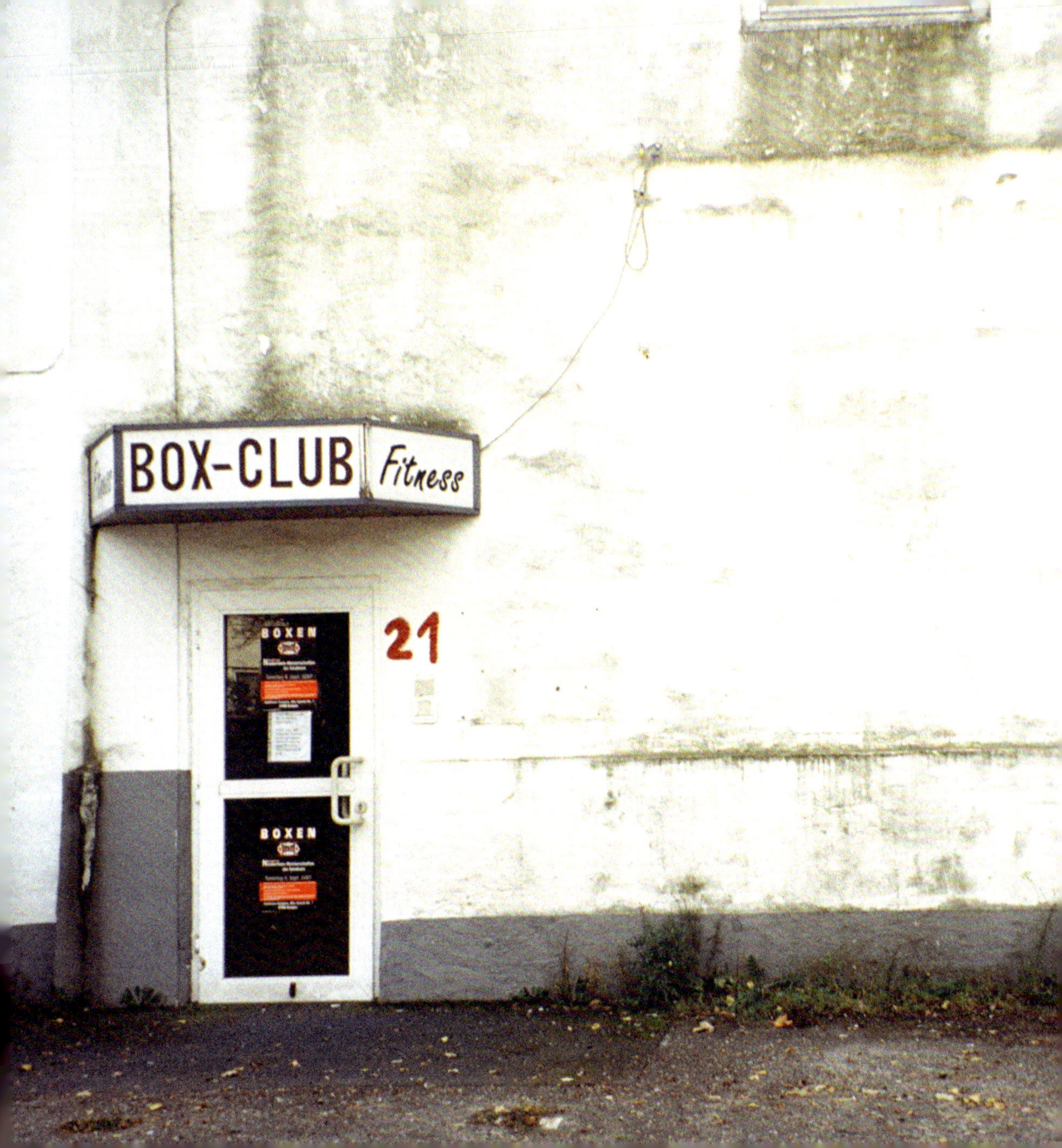
BOX-CLUB
Fitness
21
BOXEN
BOXEN

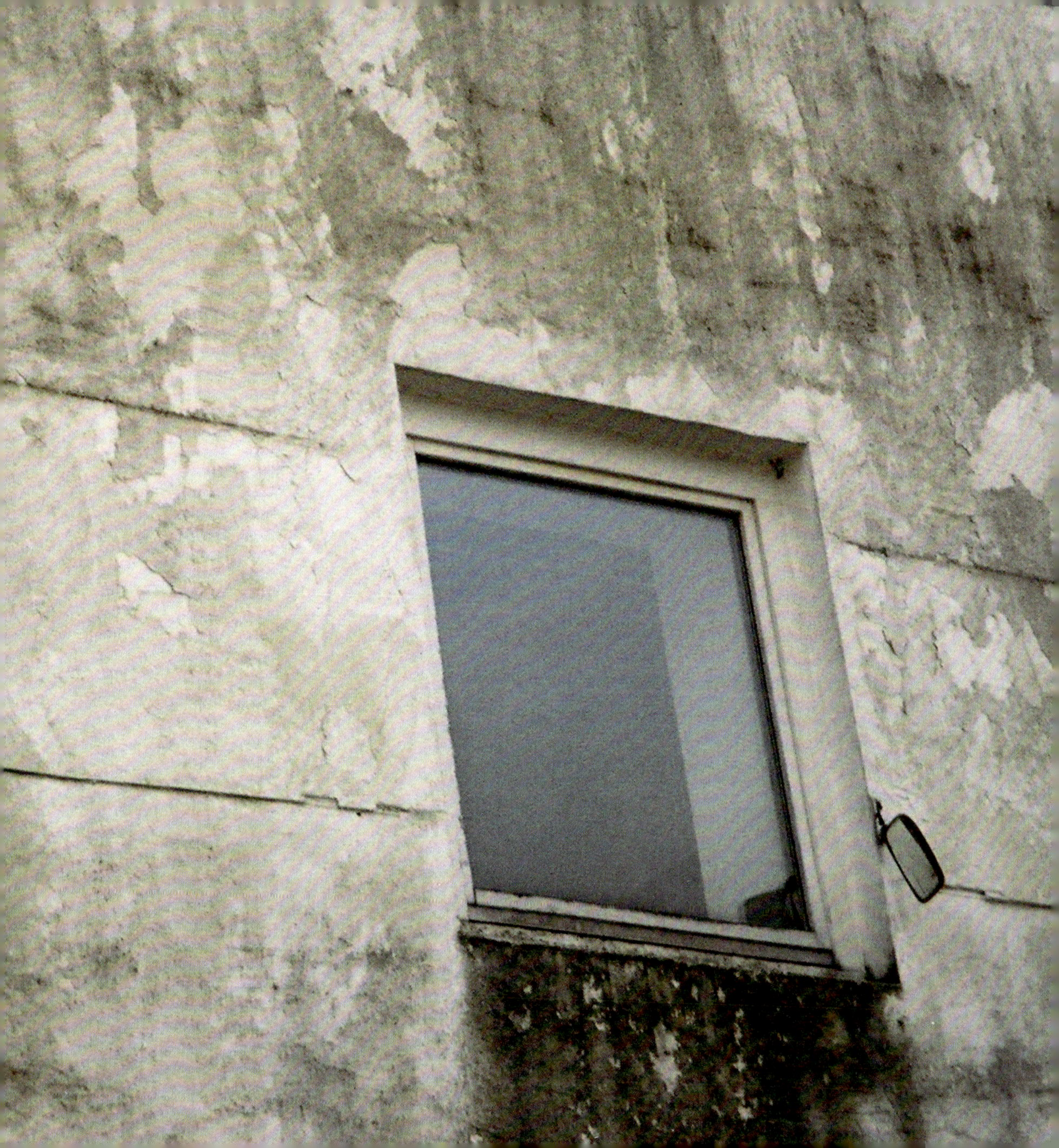

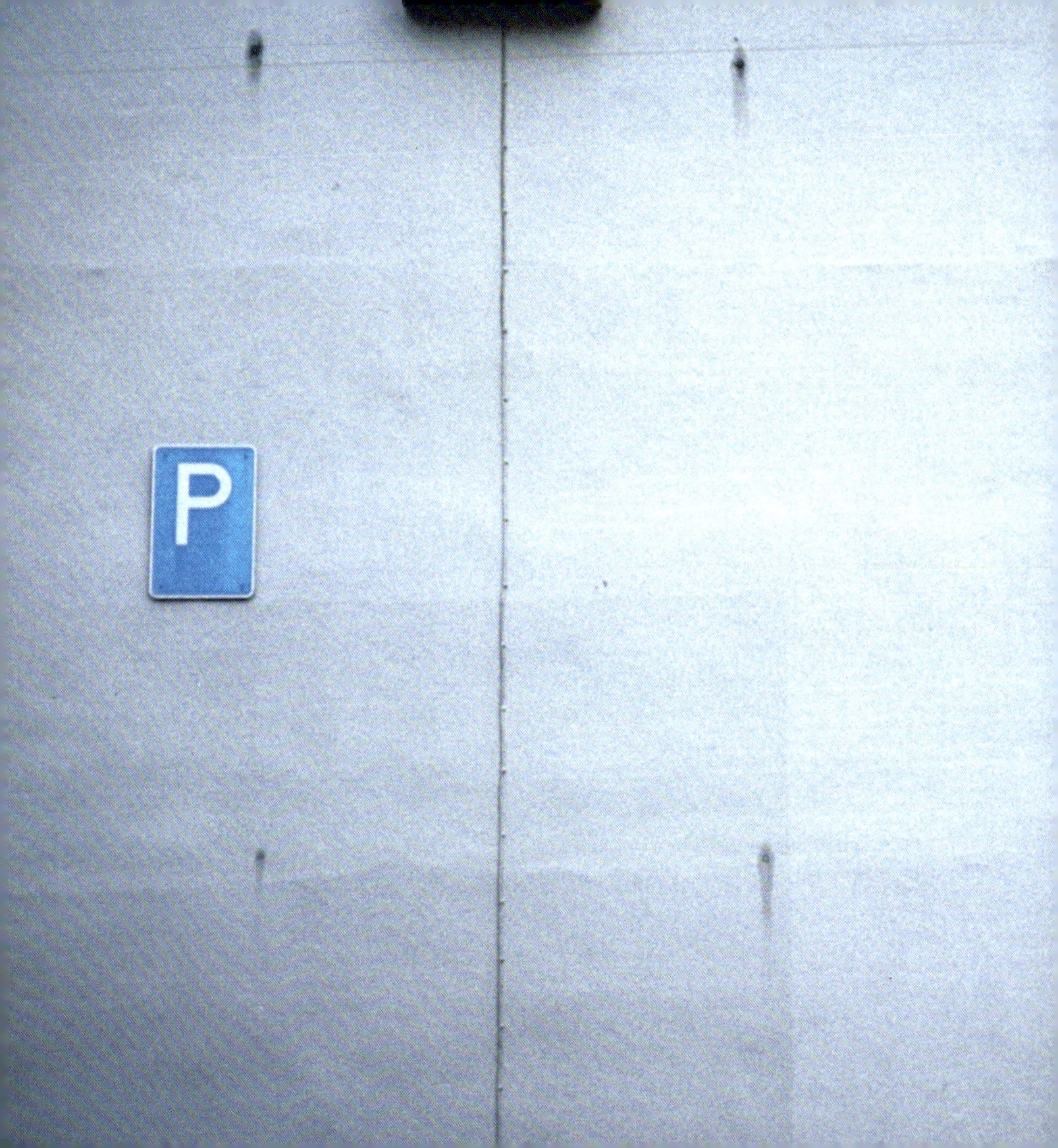
P

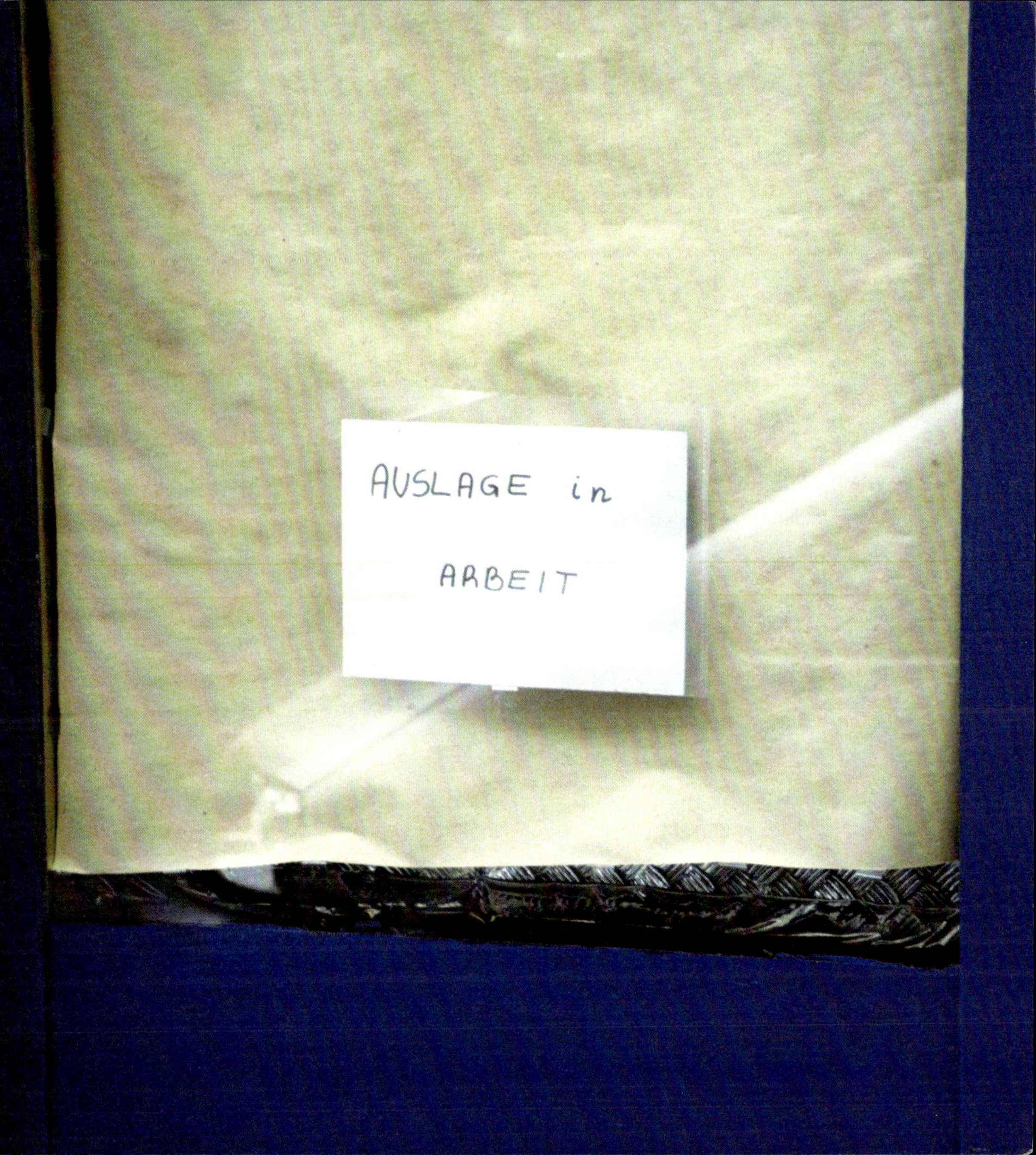
AUSLAGE in
ARBEIT

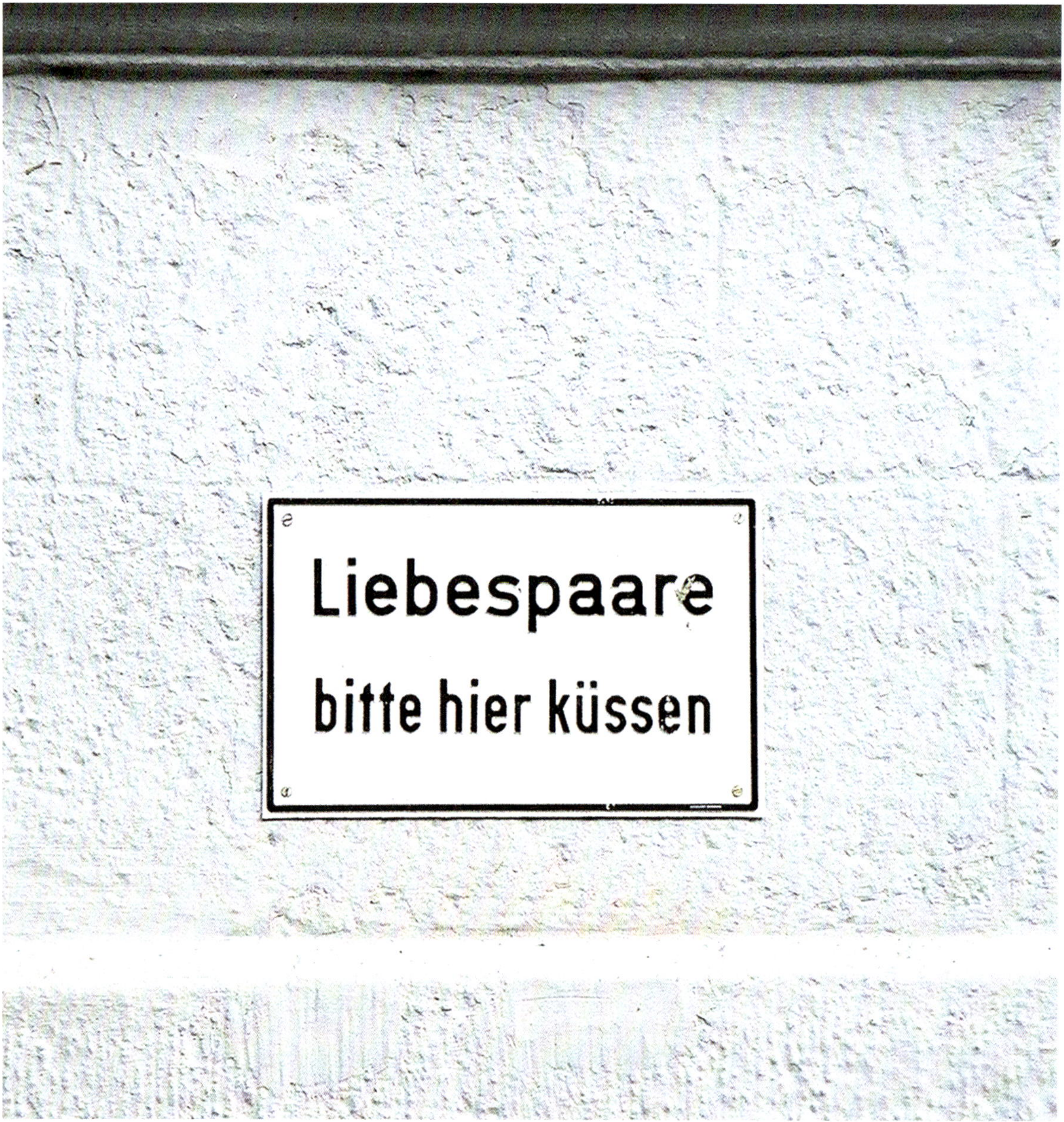
Liebespaare
bitte hier küssen

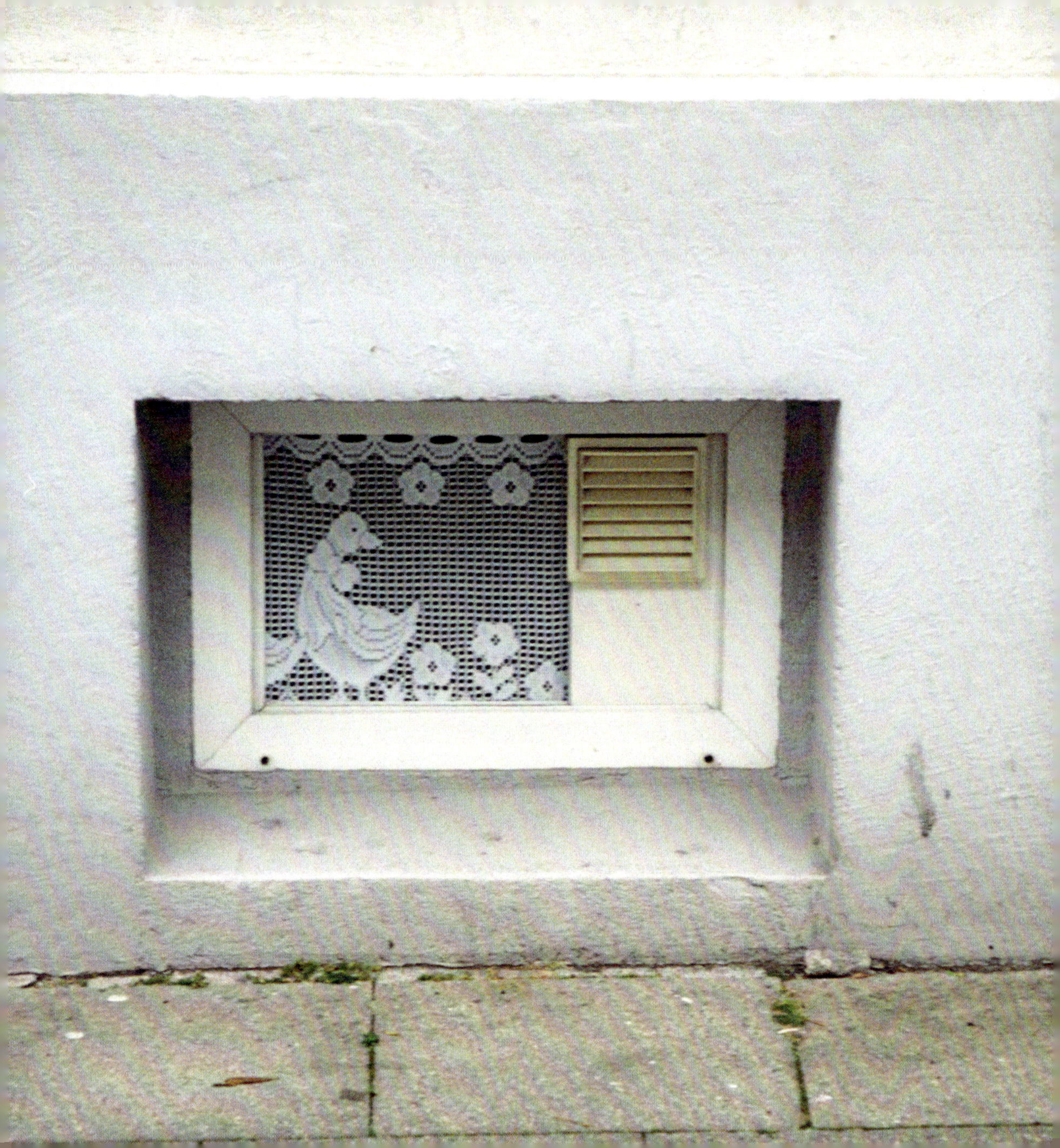

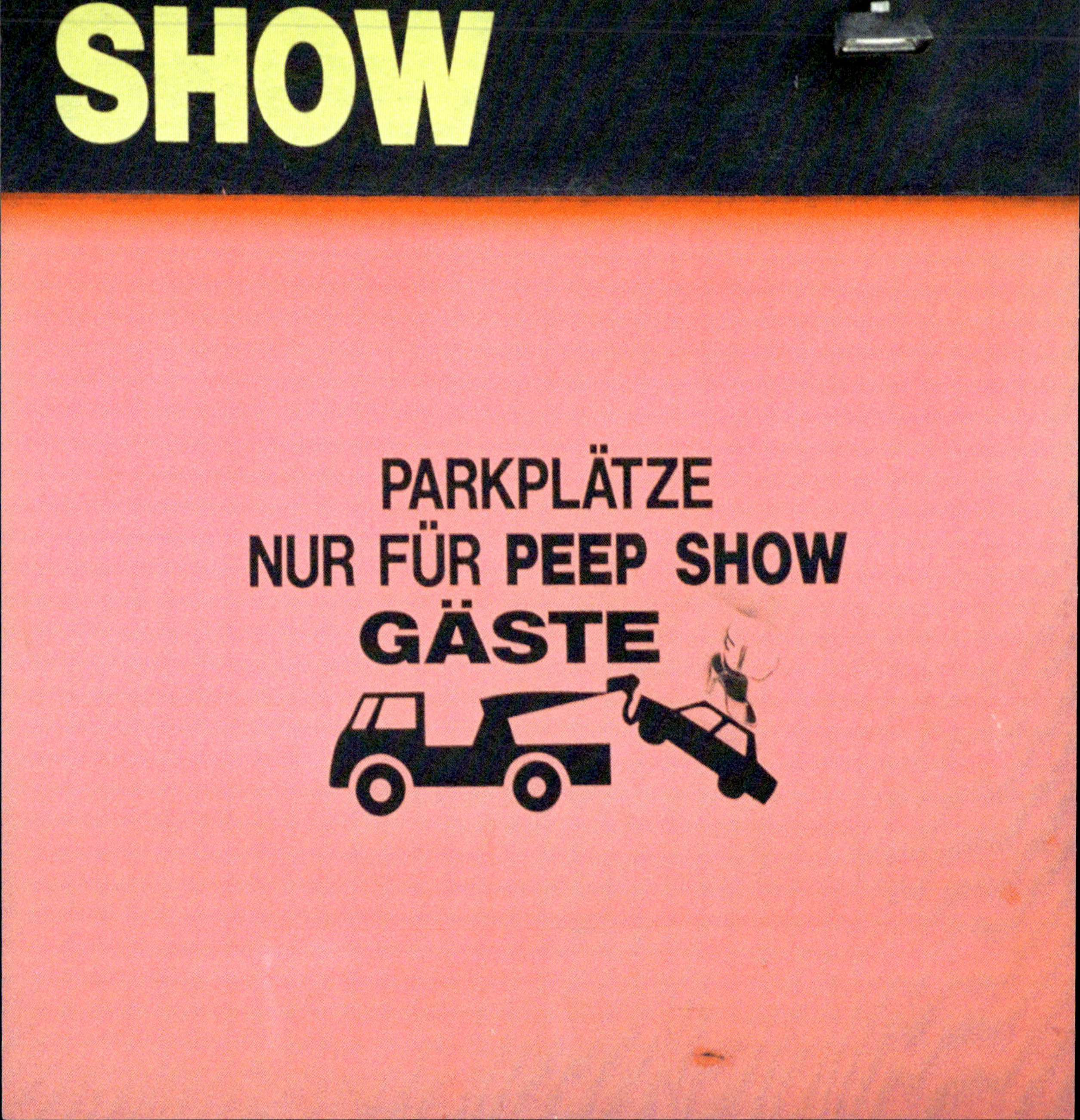
SHOW
PARKPLÄTZE
NUR FÜR PEEP SHOW
GÄSTE

Aus Gründen einer temporären Niedergeschlagenheit
sehe ich Samstagabend fern.
Eine Sendung in der ARD – live aus dem Industriegebiet meiner Stadt.
»Verstehen Sie Spaß?«
Nein. Ich verstehe ihn nicht.
Der Bürgermeister muss in der ersten Reihe sitzen und lachen.
Die Schattenseite der Macht.

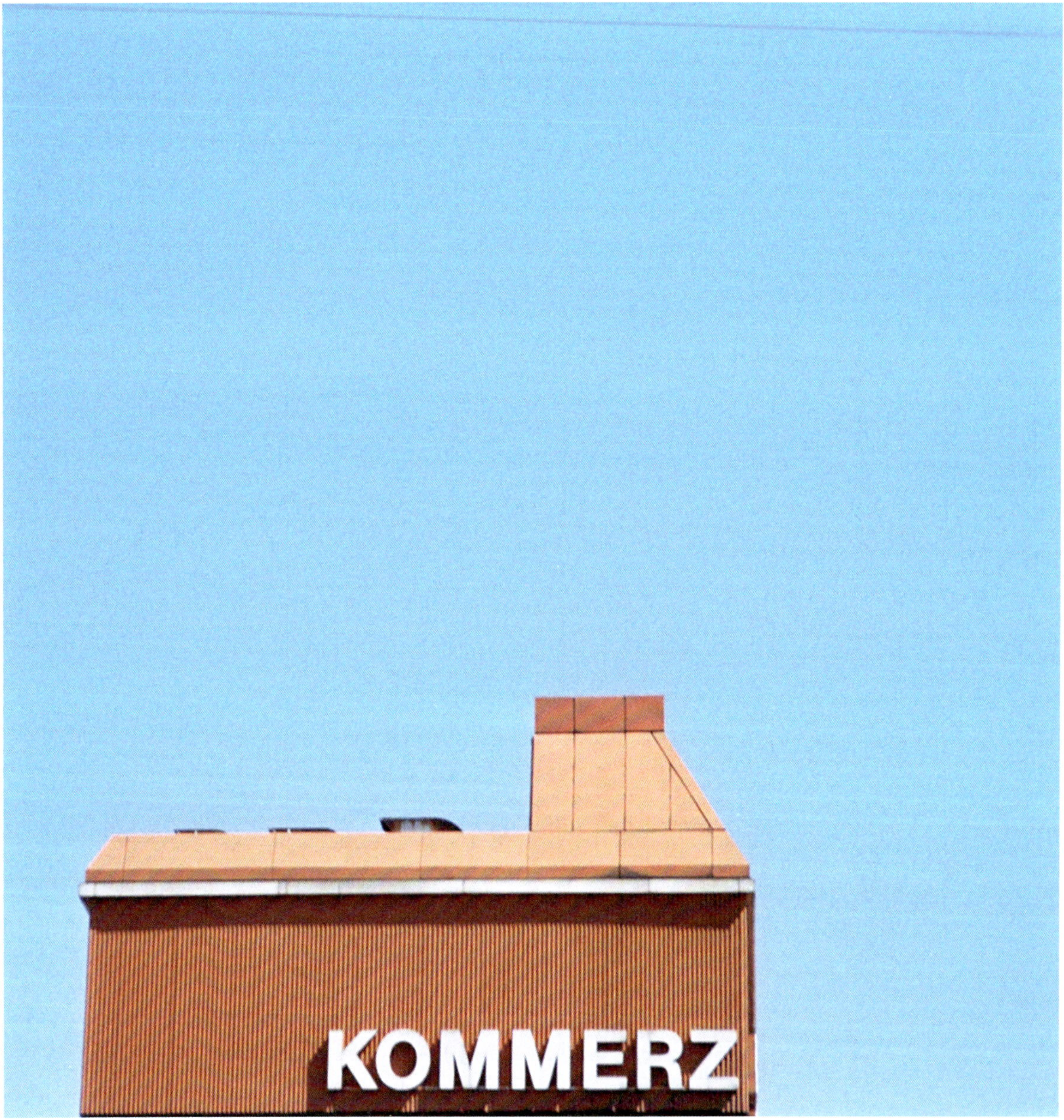
KOMMERZ

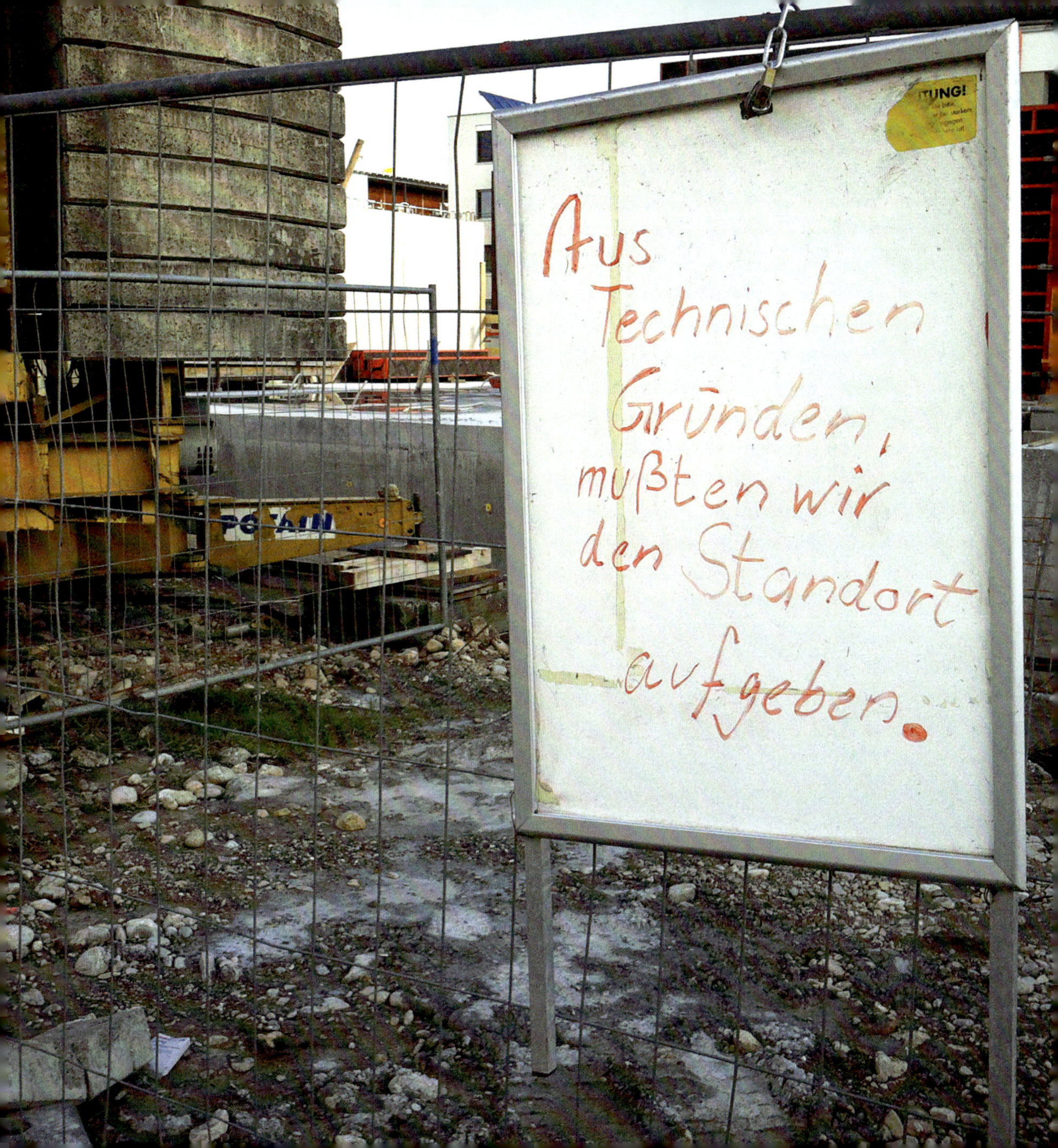
Aus
Technischen
Gründen,
mußten wir
den Standort
aufgeben.

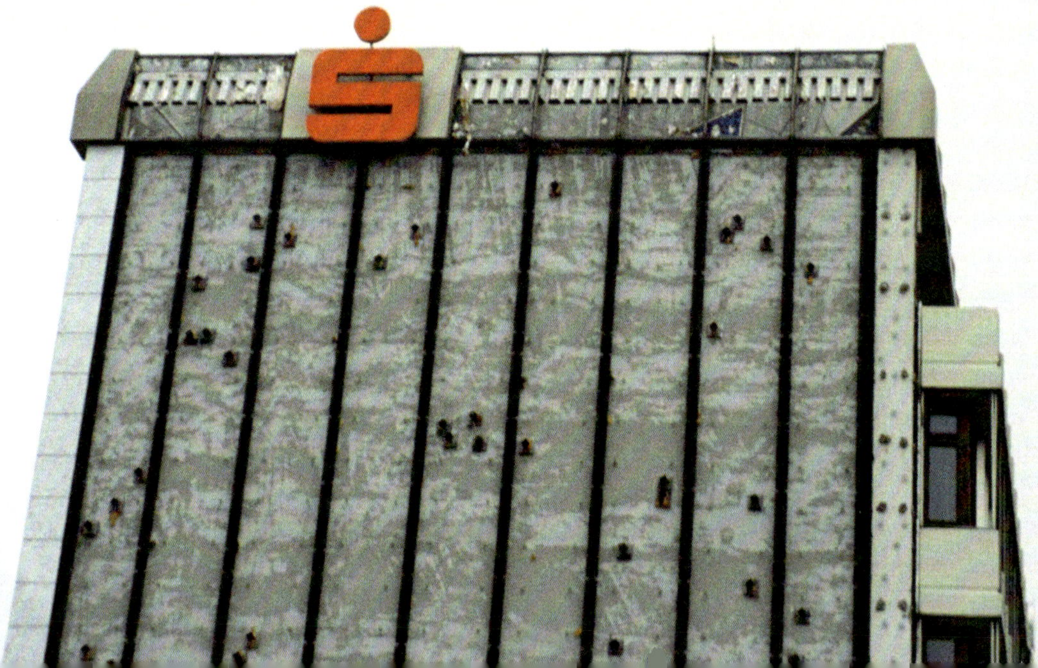

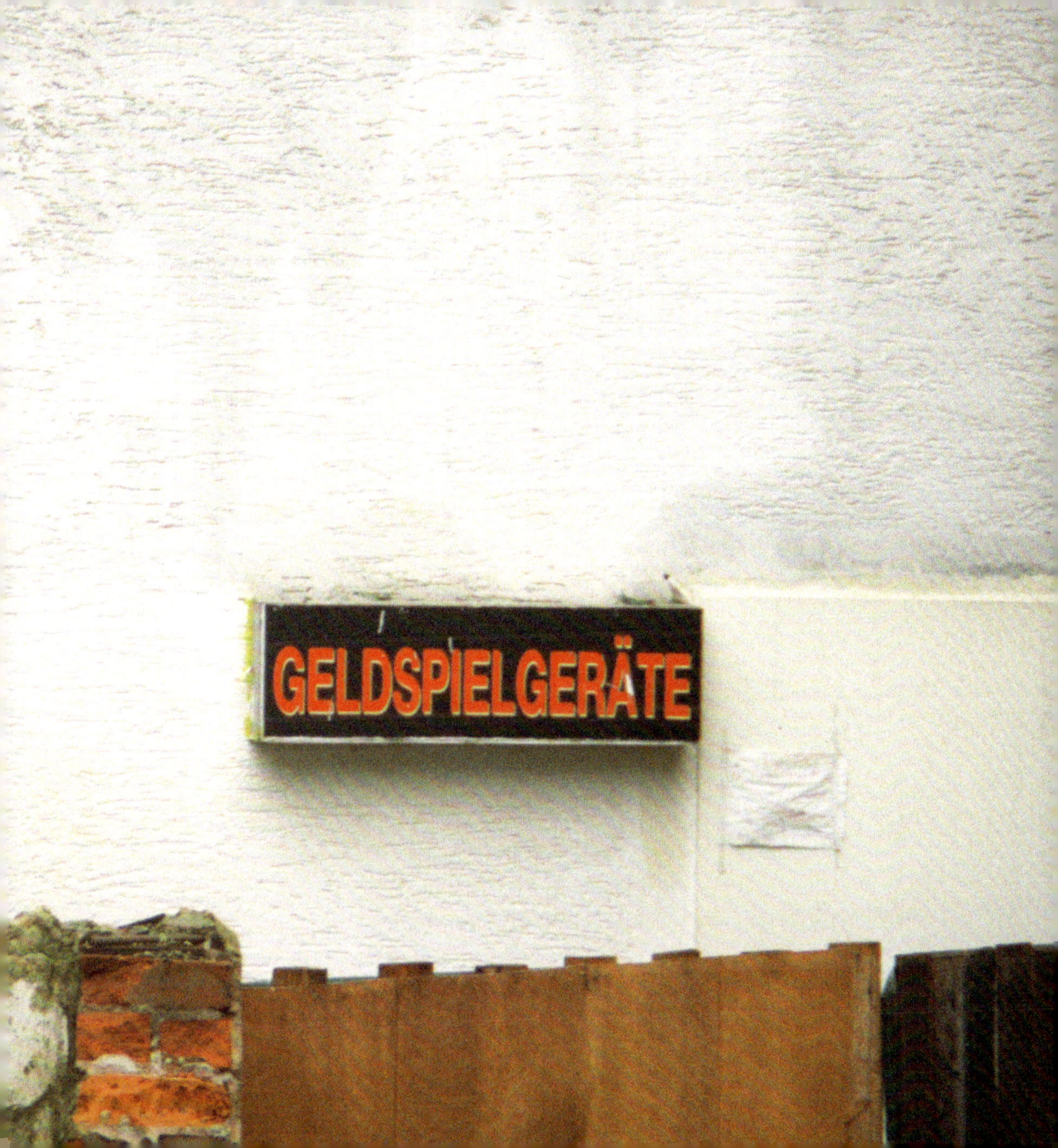
GELDSPIELGERÄTE

Aus der Zeitung erfahre ich, dass zwei Prozent aller Katzen unter einer Menschenallergie leiden. Sie reagieren mit Jucken, Schwermut und Unwohlsein auf ihr menschliches Umfeld.
Ich wusste es, ich bin eine Katze.

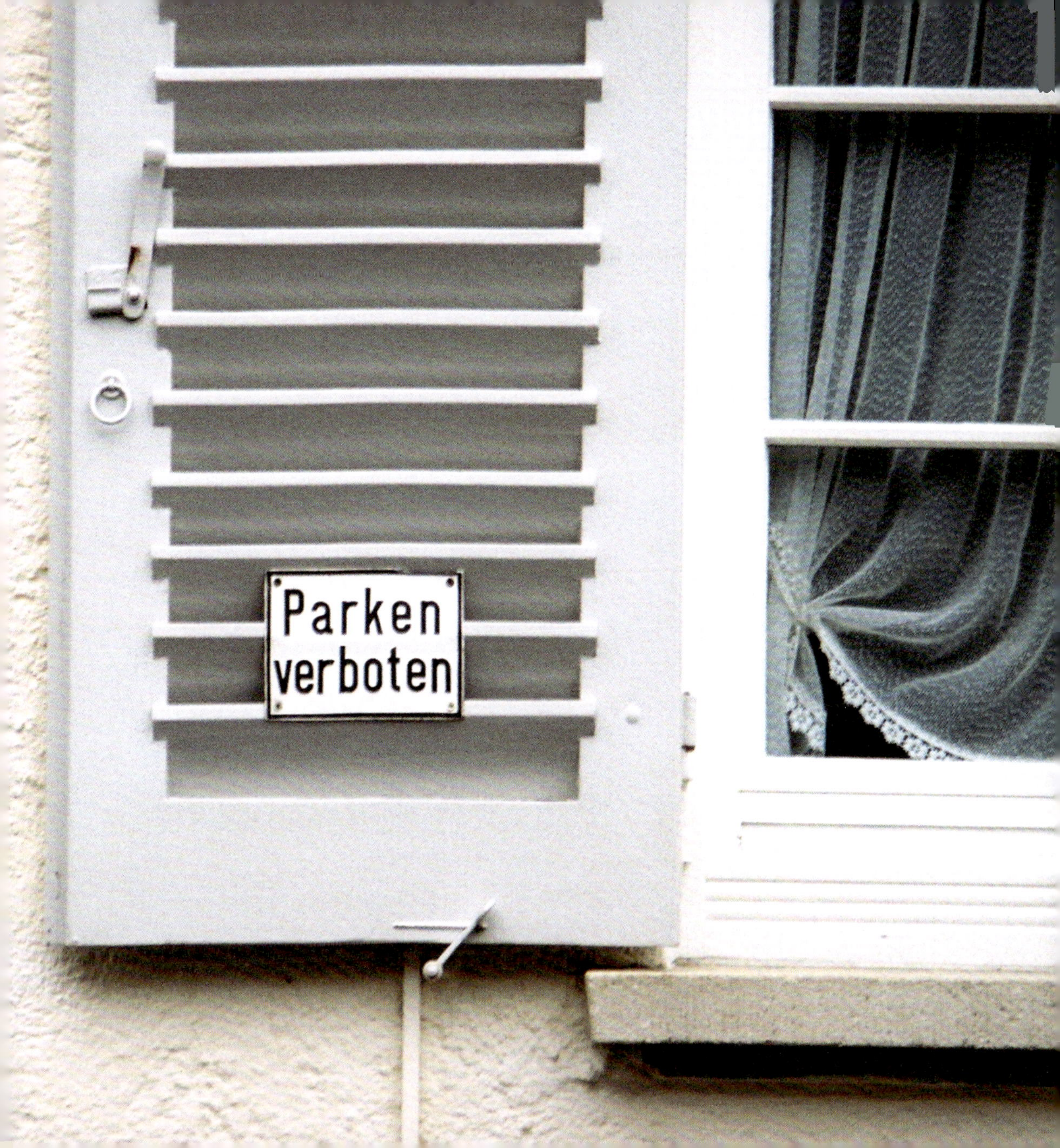
Parken
verboten

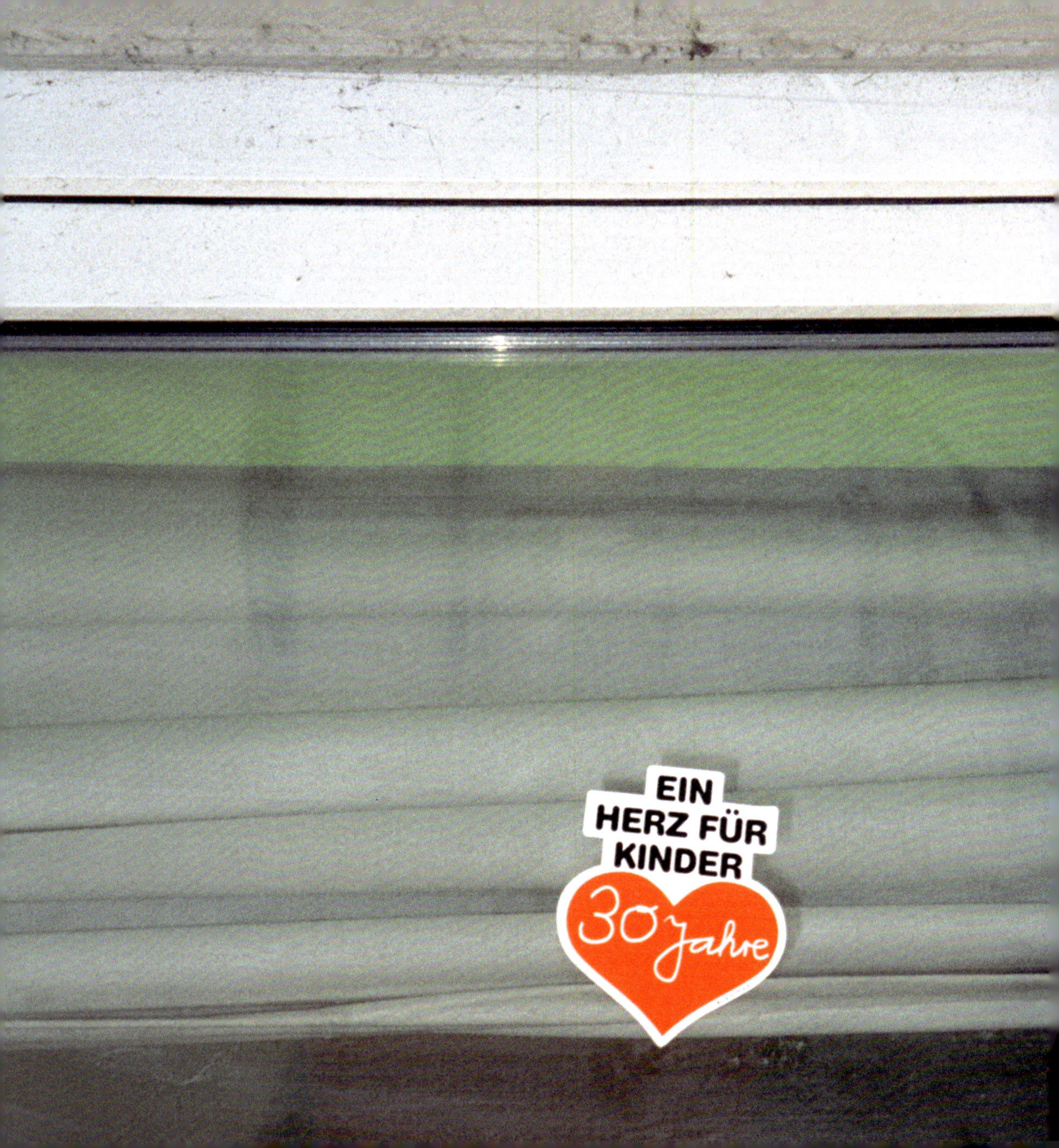
EIN
HERZ FÜR
KINDER
30 Jahre

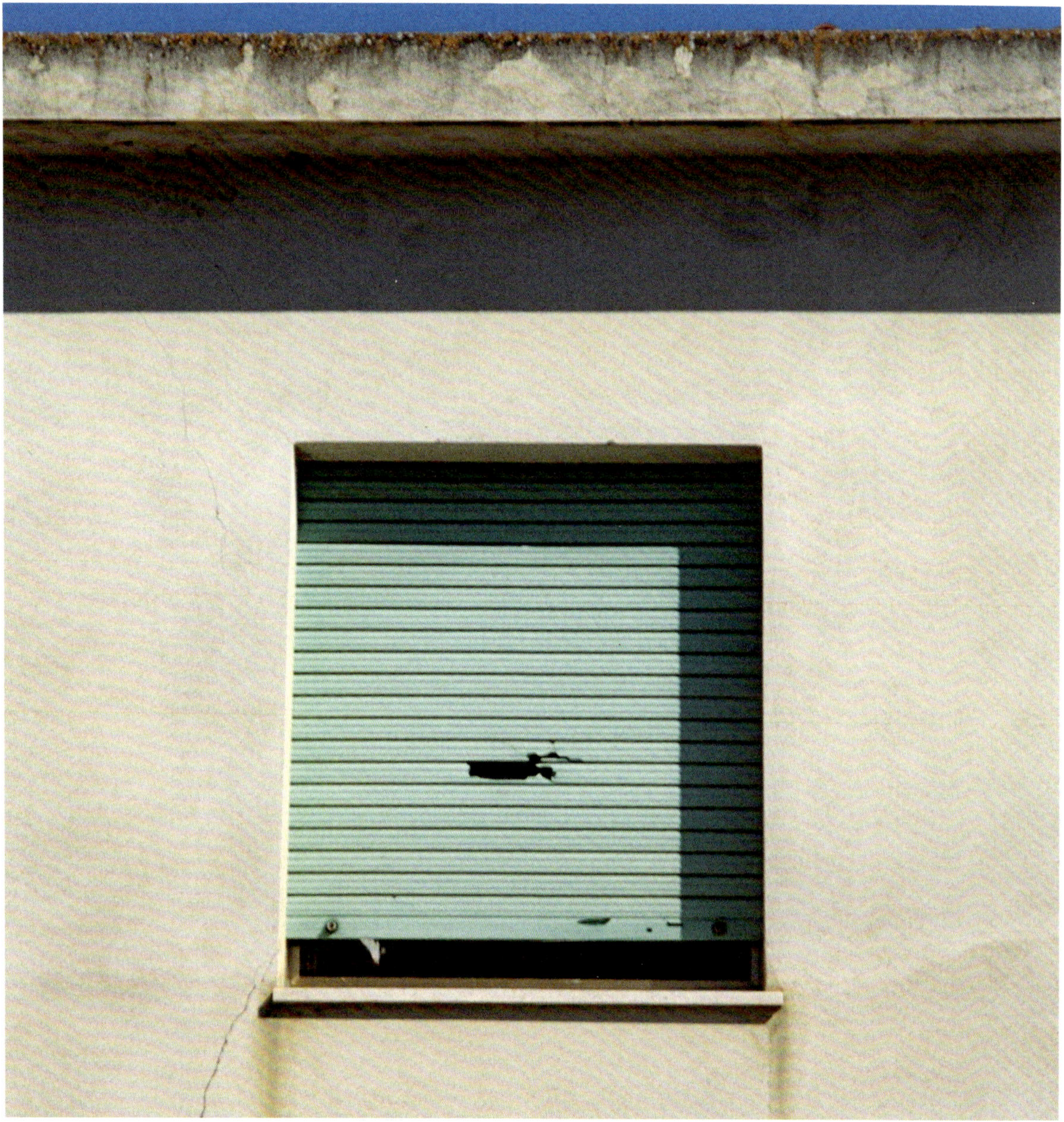

Entgegen dem erklärten letzten Willen verweigert die städtische Friedhofsverwaltung einem verstorbenen Wirt die Anbringung eines Zapfhahns am Grabstein. Schade, die Idee hat was.

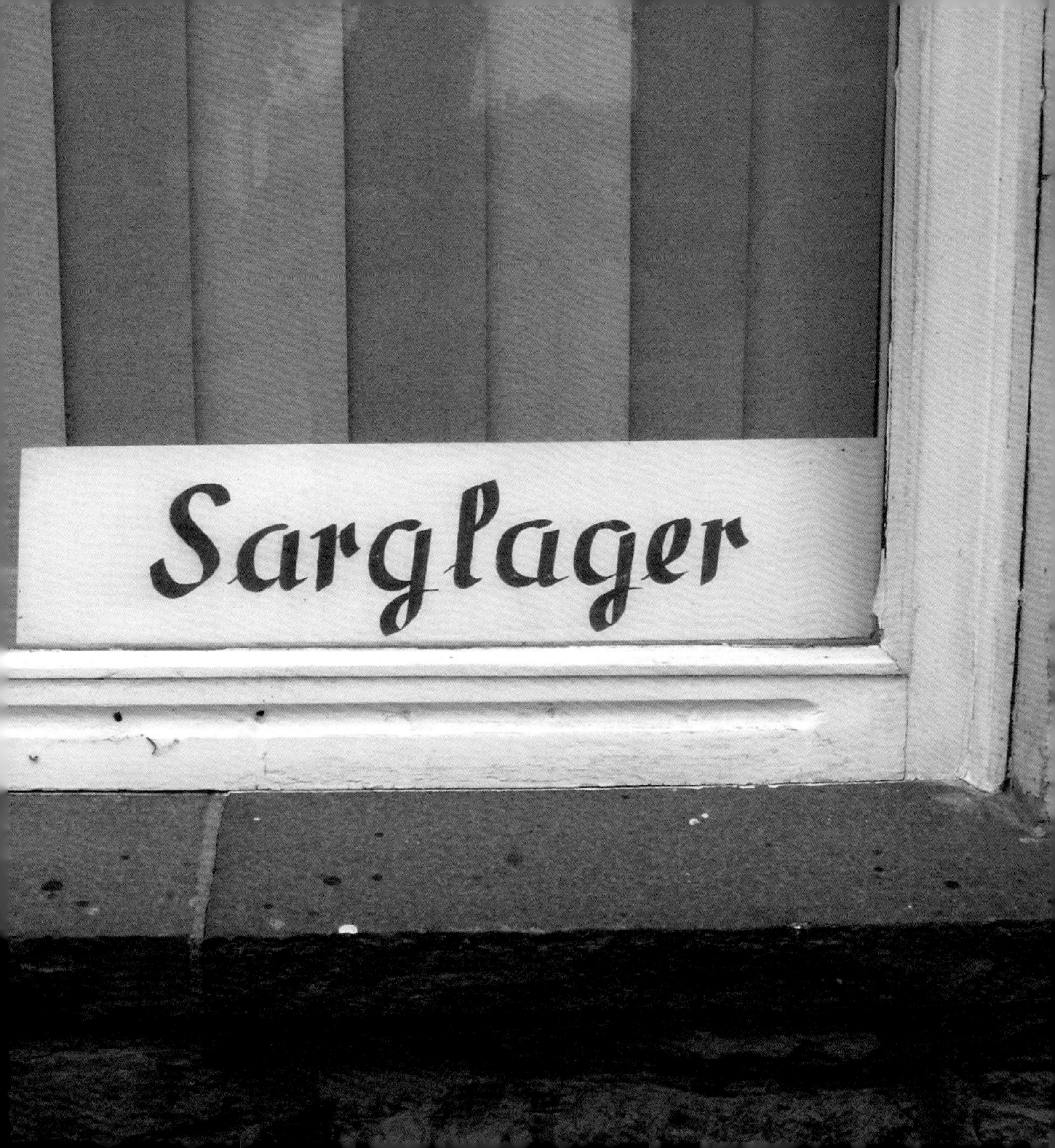
Sarglager

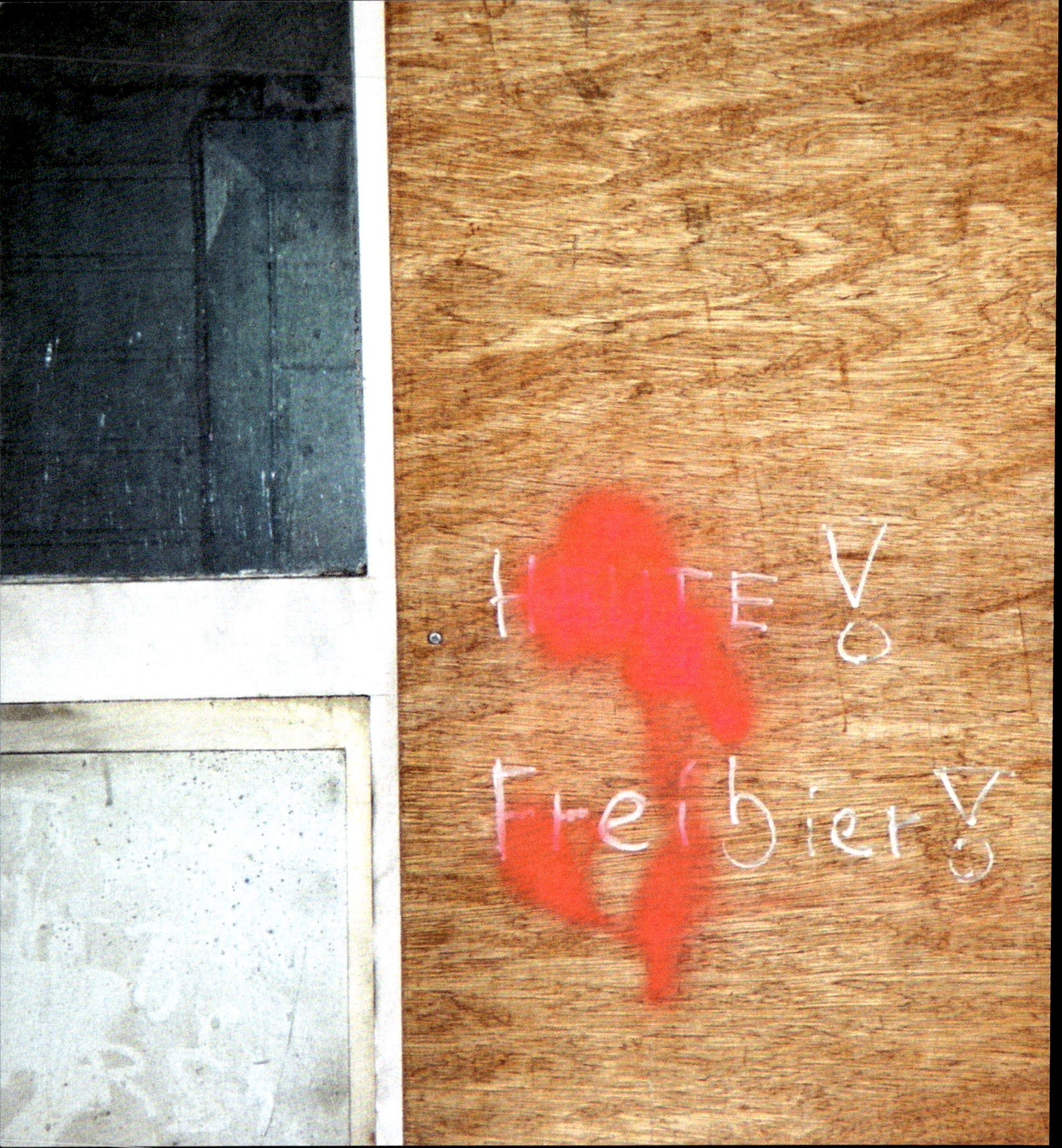
Freibier!

Die allgemeine Krise erreicht die Sprache. An einem Gasthof im städtischen Hinterland lese ich den Satz: »Iss bei mir, sonst verhungern wir beide.«

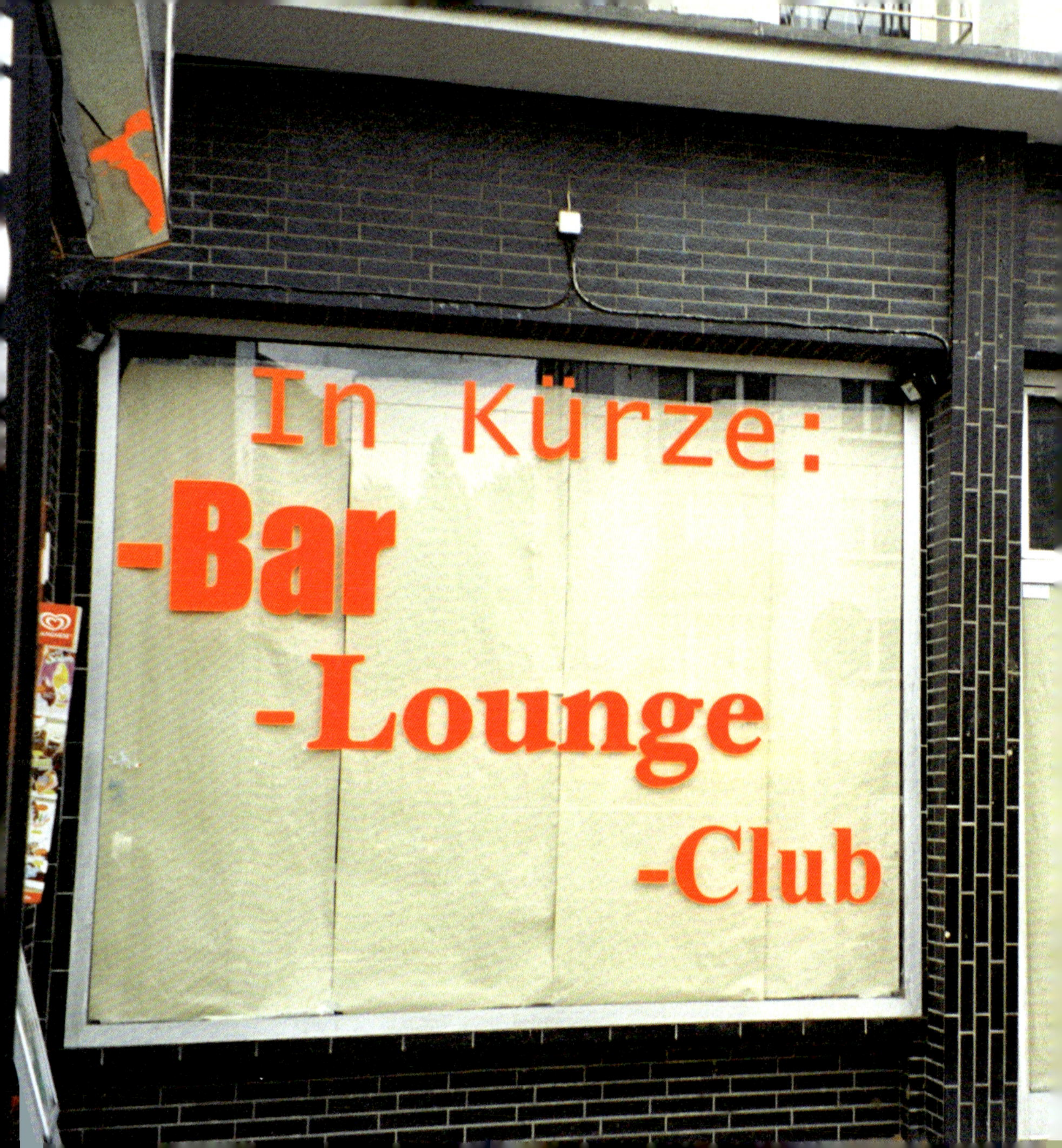
In Kürze:
-Bar
-Lounge
-Club

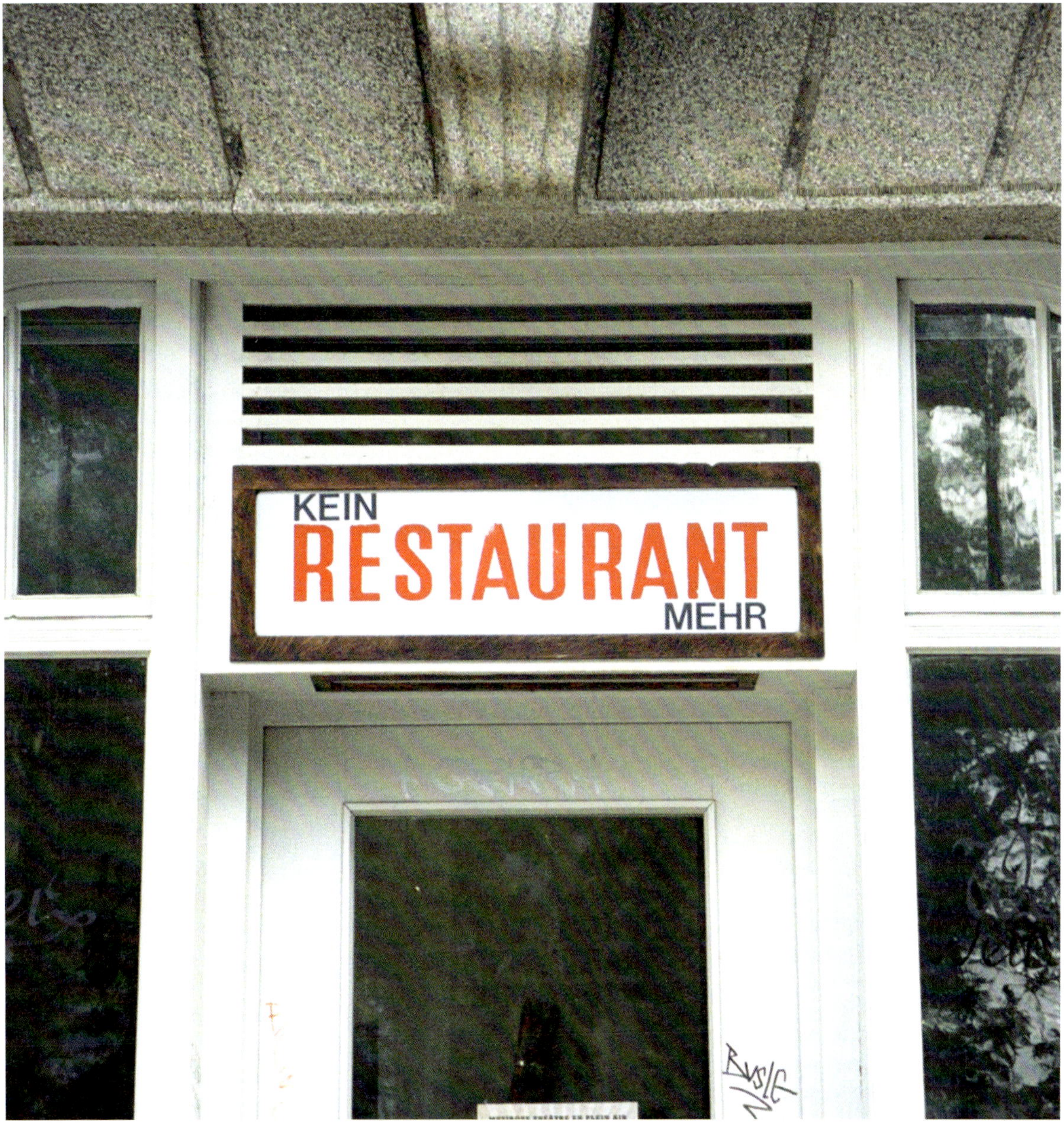
KEIN
RESTAURANT
MEHR

Weltrettung

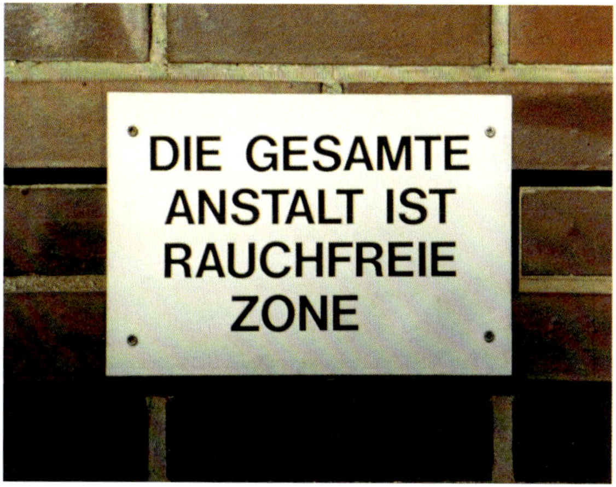
DIE GESAMTE
ANSTALT IST
RAUCHFREIE
ZONE

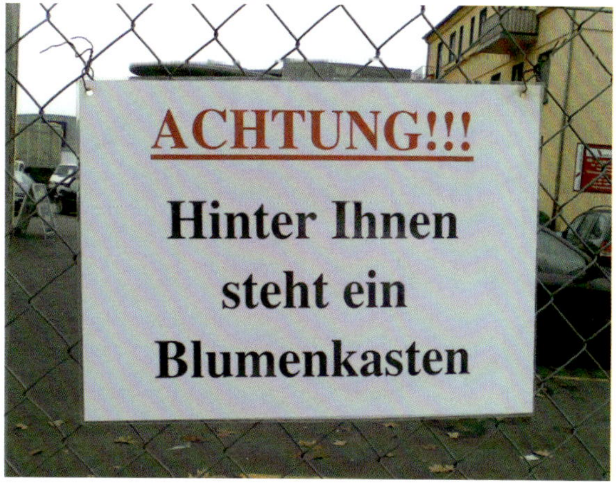
ACHTUNG!!!
Hinter Ihnen
steht ein
Blumenkasten

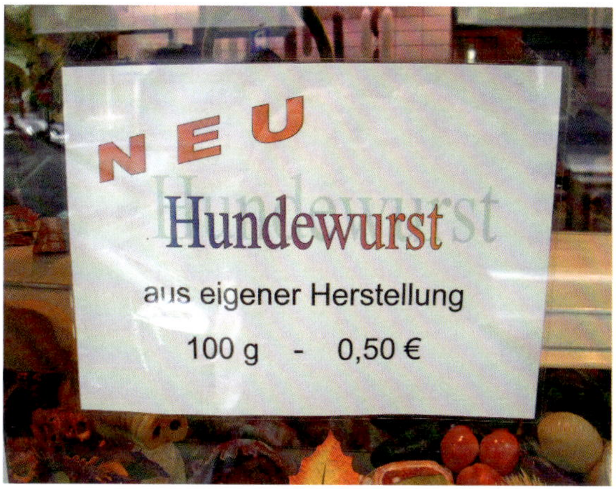
NEU
Hundewurst
aus eigener Herstellung
100 g - 0,50 €

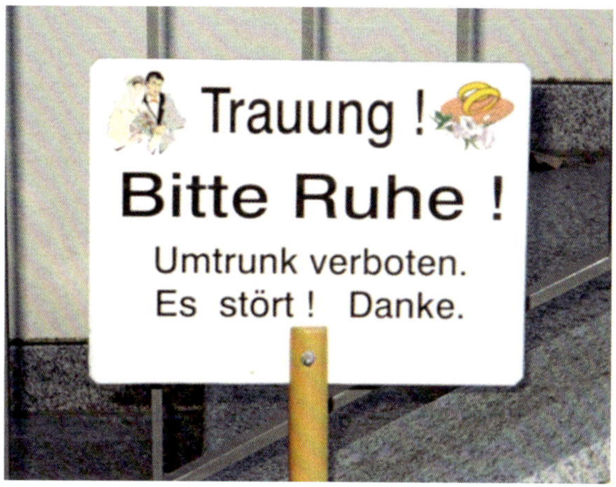
Trauung !
Bitte Ruhe !
Umtrunk verboten.
Es stört ! Danke.

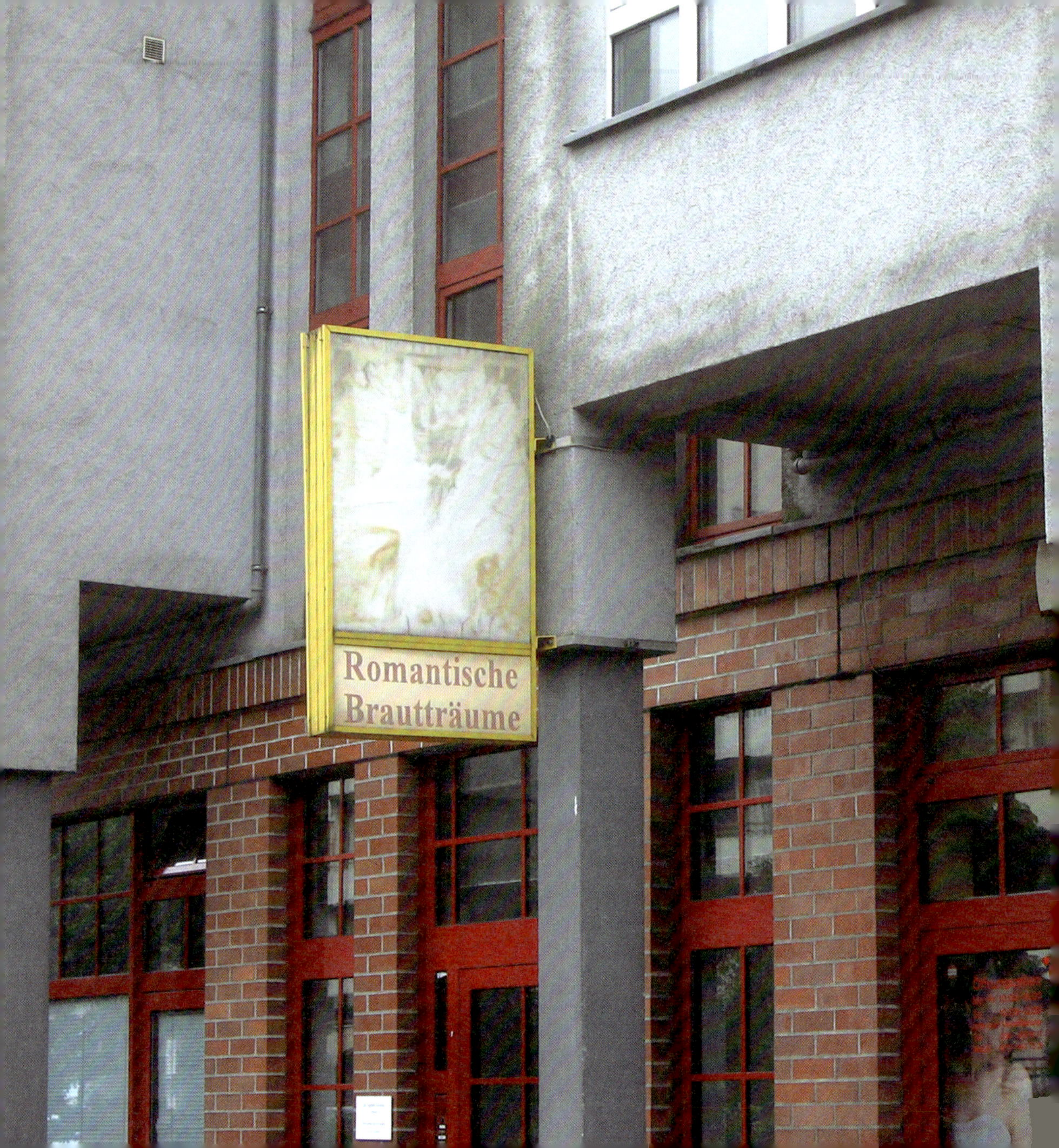
Romantische
Brautträume

Laut Statistik lernen sich 80 Prozent aller deutschen Liebespaare bei der Arbeit kennen.
Was machen die, die keine Arbeit haben?

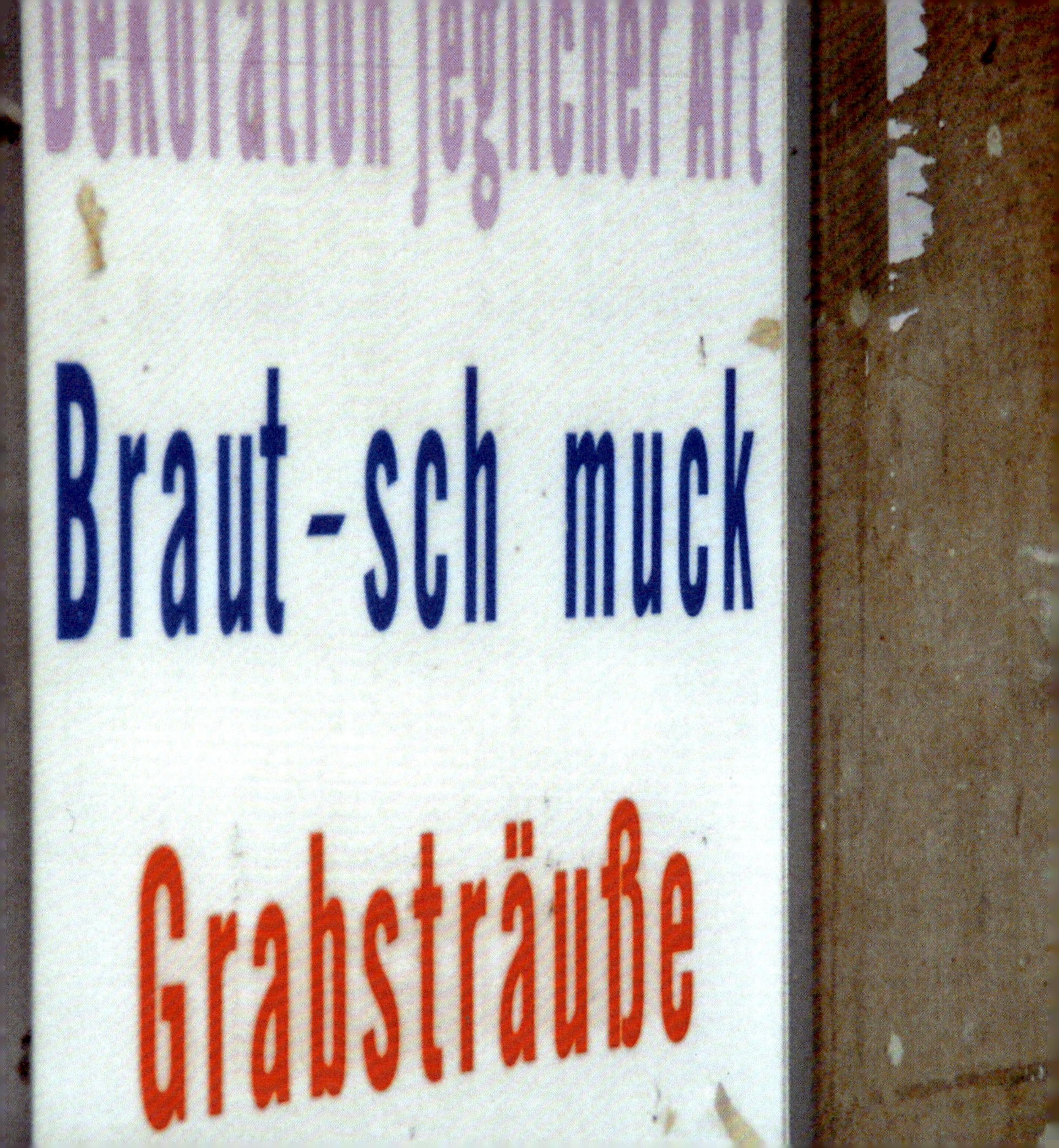
Braut-sch muck
Grabsträuße

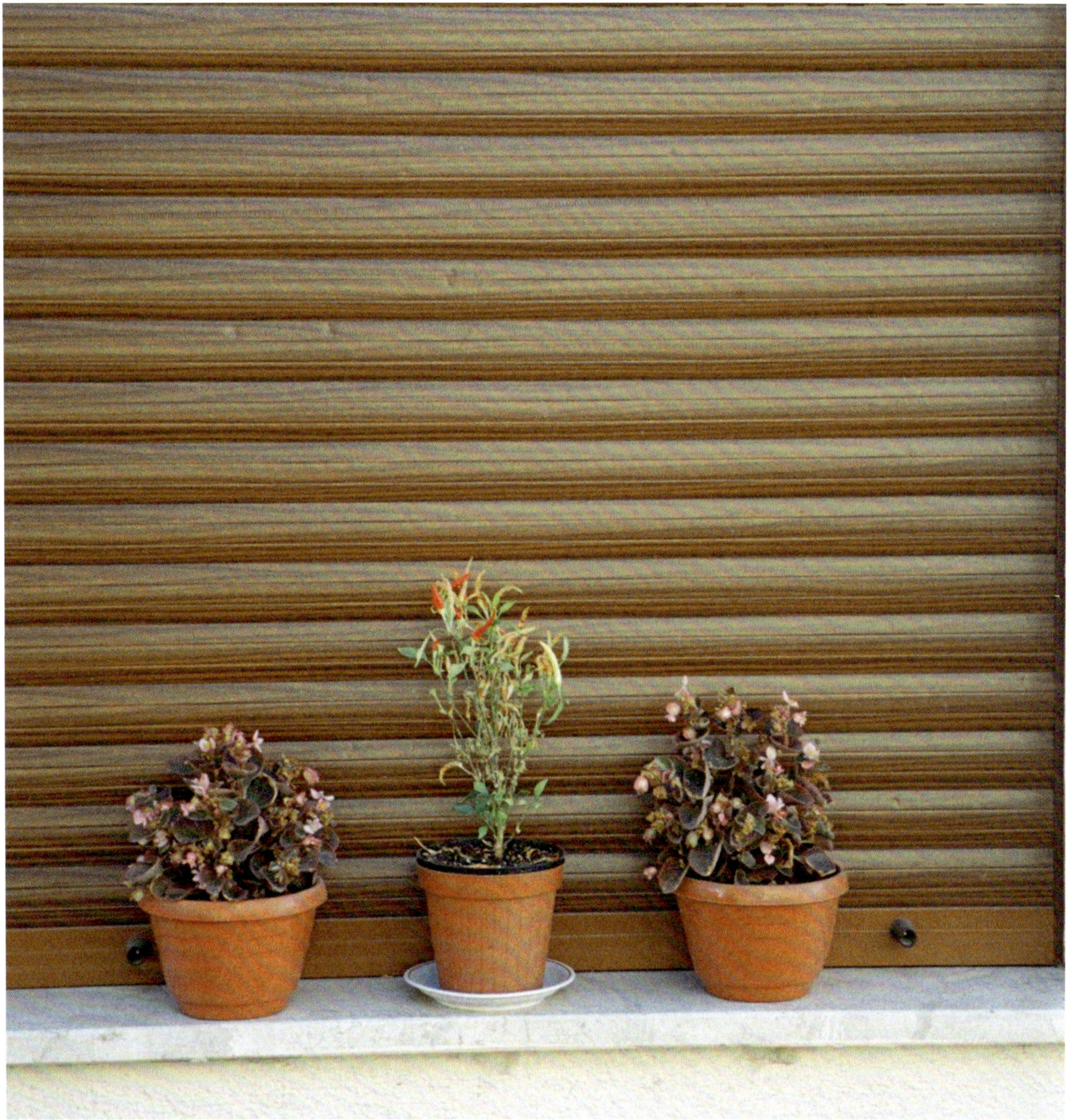

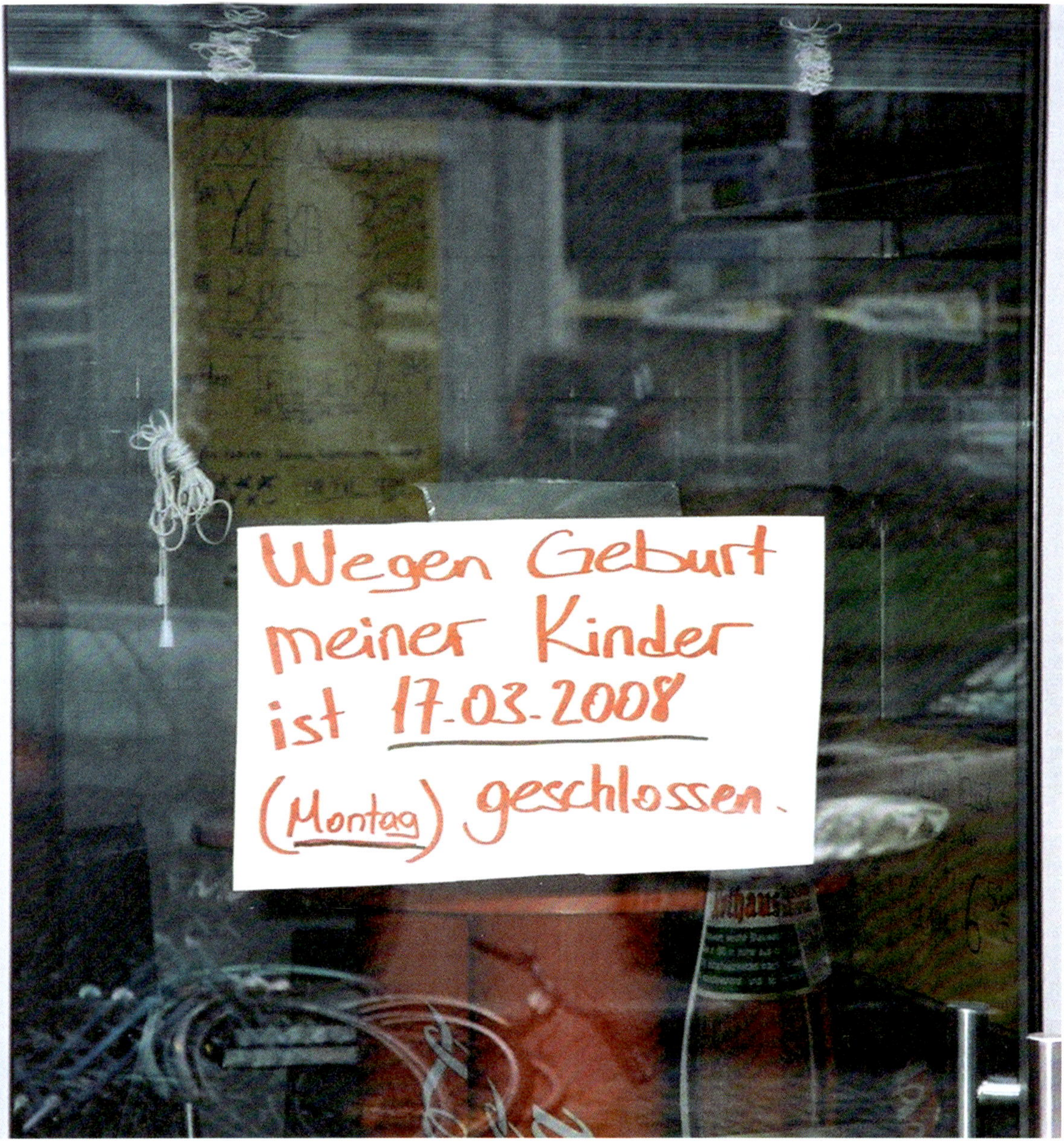
Wegen Geburt
meiner Kinder
ist 17-03-2008
(Montag) geschlossen.

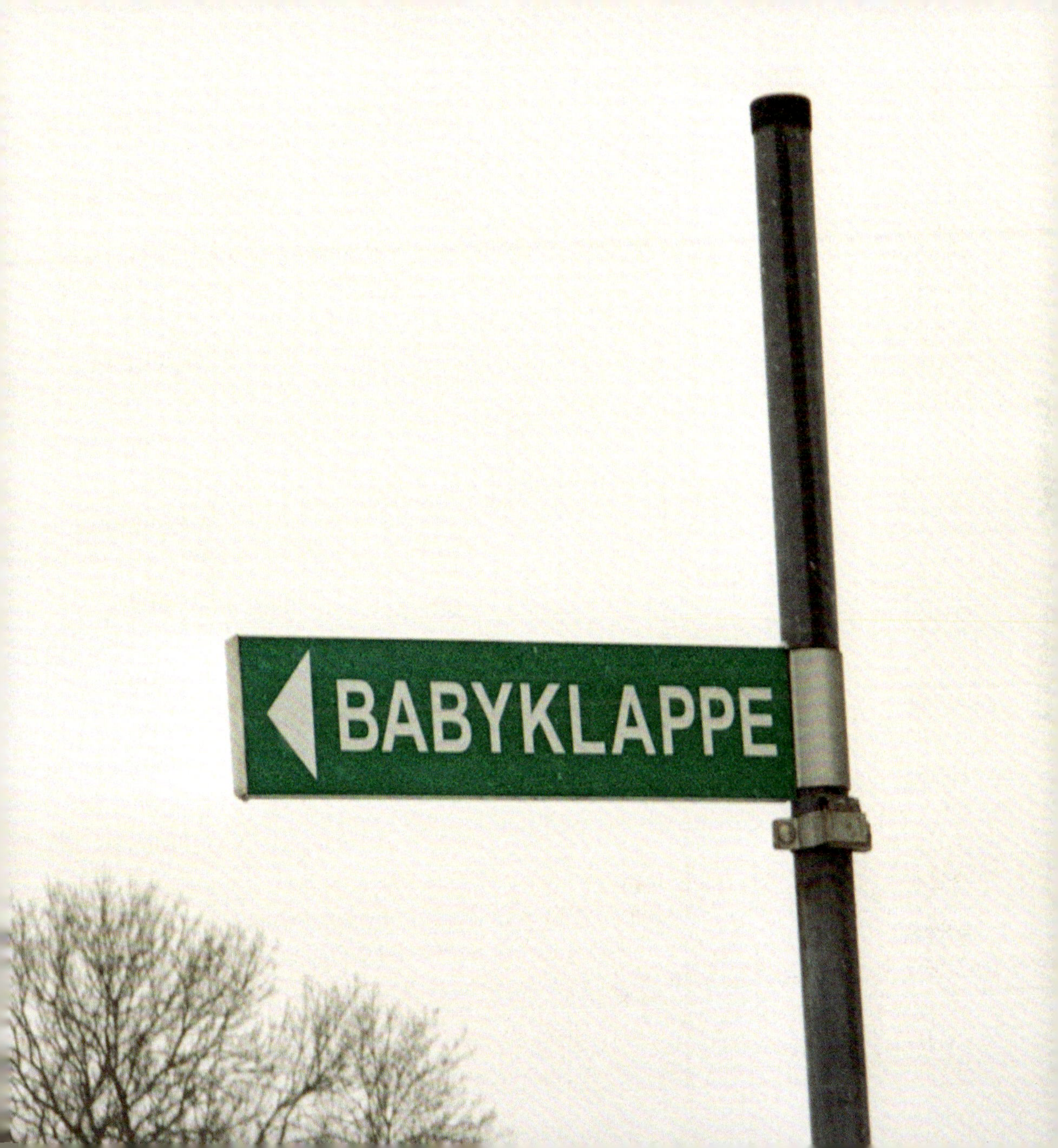
BABYKLAPPE

Im Umland wurde eine Ehe geschieden, weil der Mann sich über Jahre geweigert hat, das Altpapier runterzubringen. Nach der Trennung hat die Frau ihm den gesamten Stapel, Blatt für Blatt, ins Büro gefaxt.

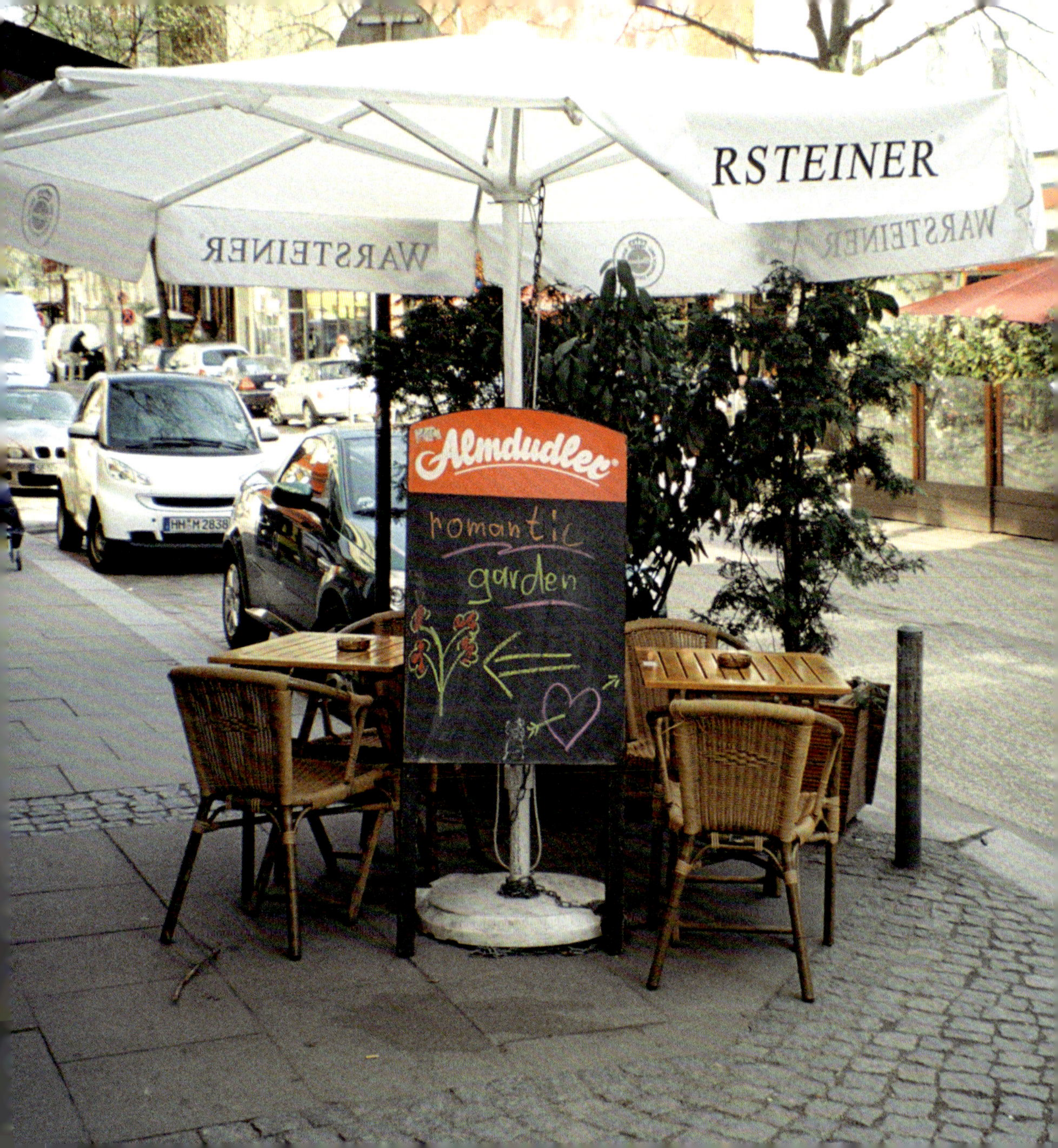
RSTEINER
Almdudler
romantic
garden

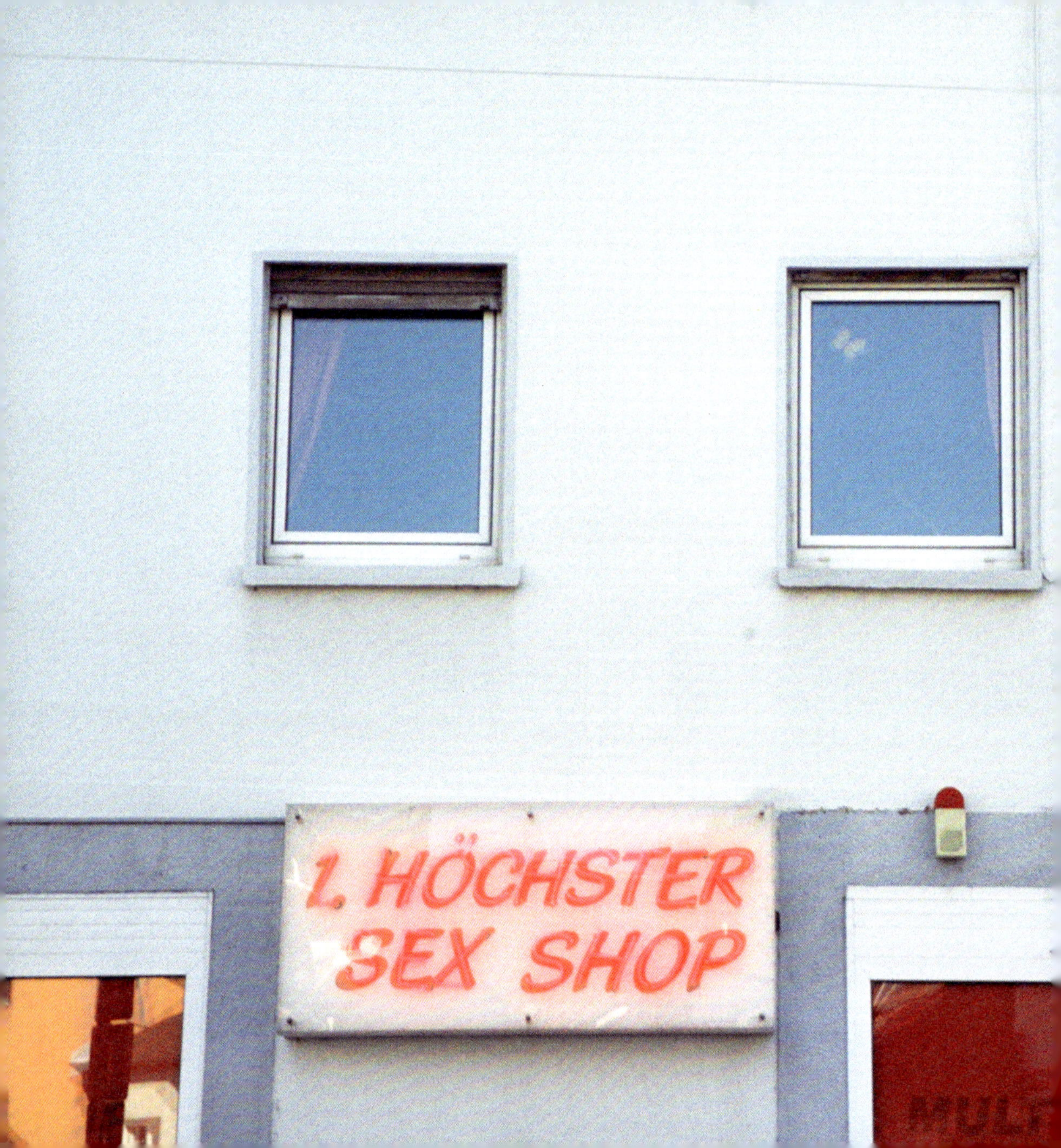
1. HÖCHSTER
SEX SHOP

Habe zum wiederholten Male einen erotischen Traum
mit mir und der FDP-Europa-Abgeordneten Dr. Silvana Koch-Mehrin
in den Hauptrollen.
Wir sind in einem Bordell und ich mühe mich wie ein Bekloppter ab,
nicht zu früh zu kommen, während Silvana mir ins Ohr haucht,
dass sich Leistung wieder lohnen müsse.
Während der Zigarette danach frage ich sie, um wie viel ihrer
Meinung nach die deutschen Schulden in der Zeit unseres Beischlafes
angestiegen seien.
Sie antwortet: »Viel kann's nicht gewesen sein.«
Ich gestehe, dass mein Orgasmus ein Plagiat war.

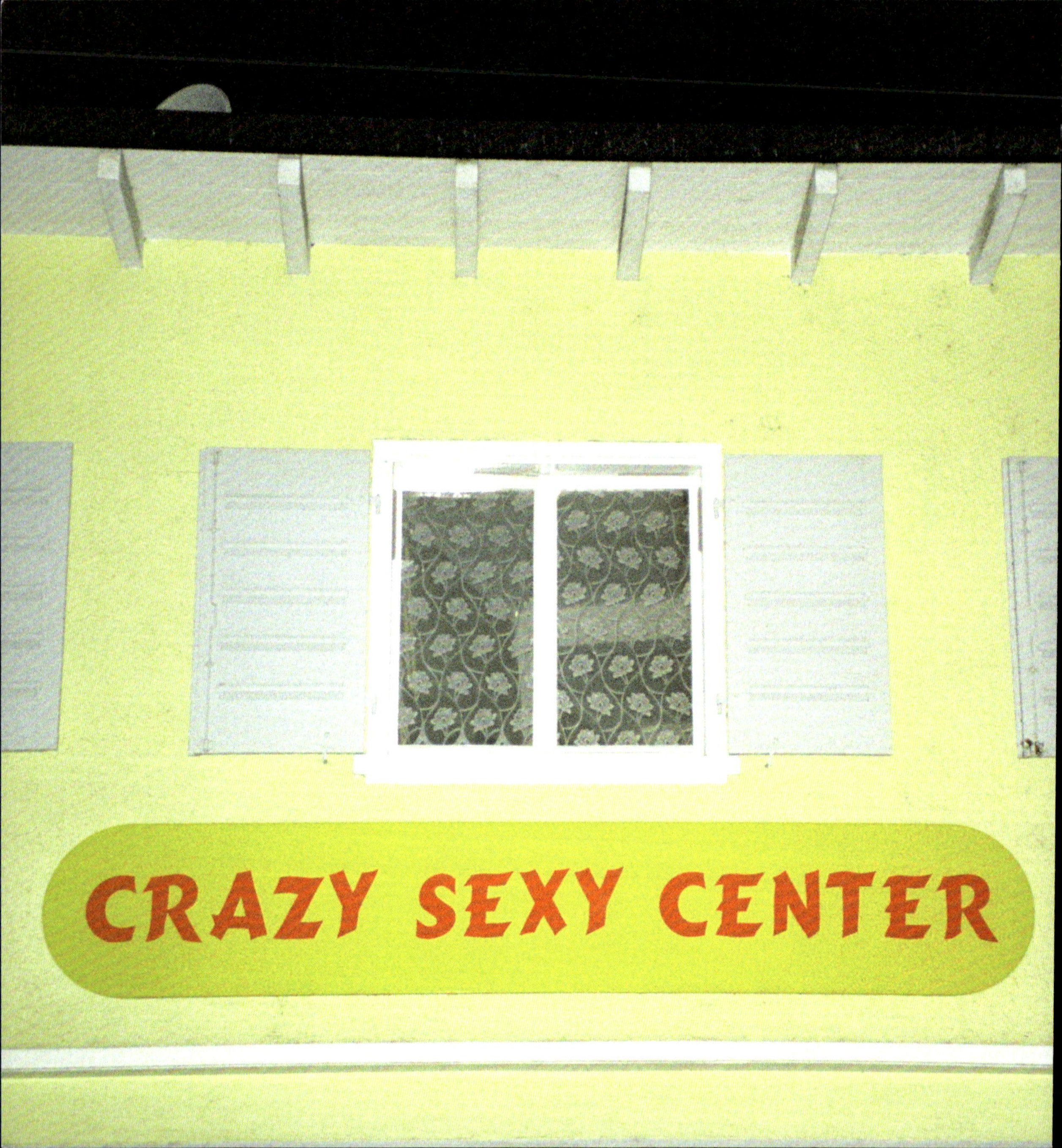
CRAZY SEXY CENTER

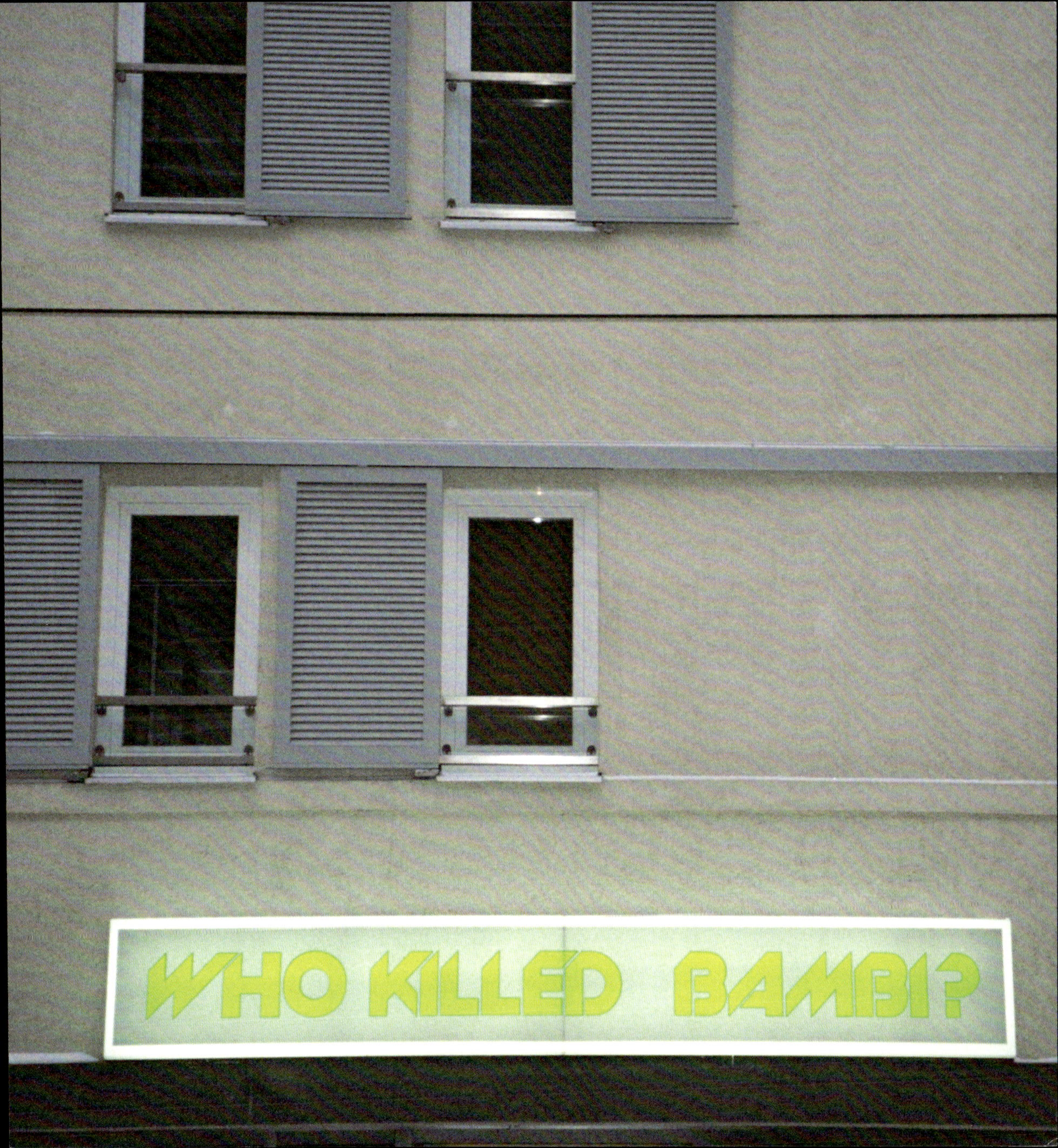
WHO KILLED BAMBI?

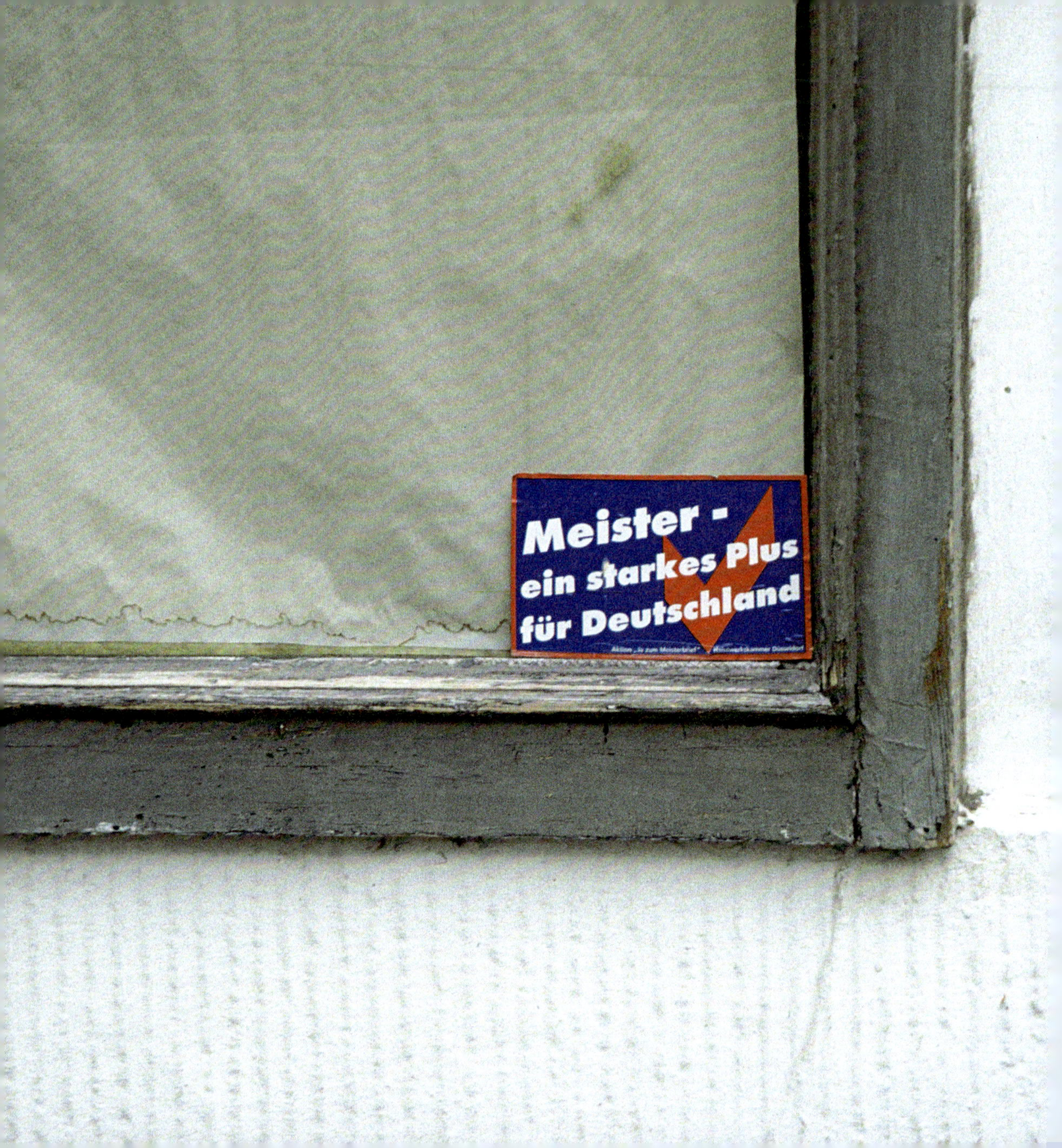
Meister -
ein starkes Plus
für Deutschland

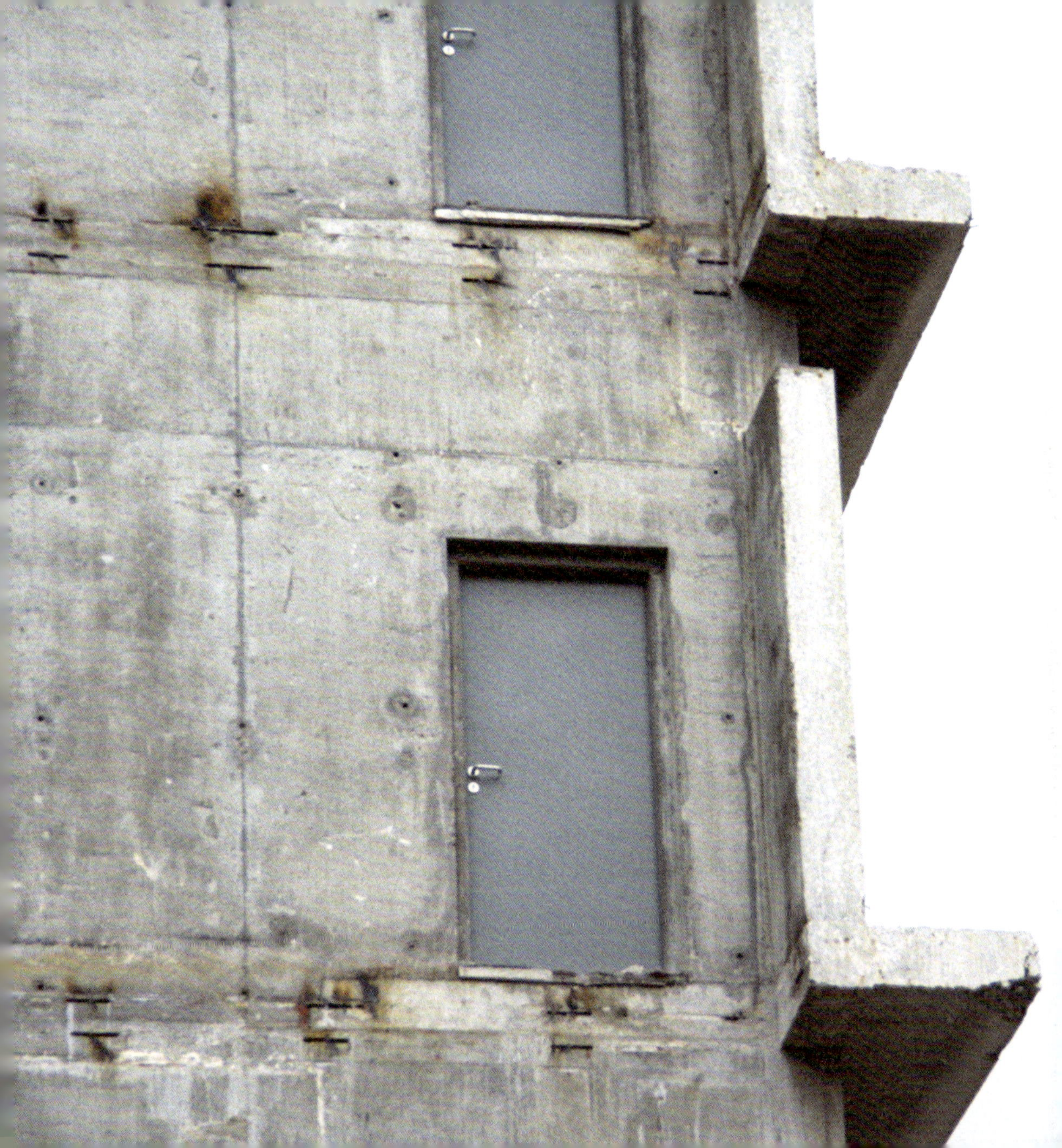

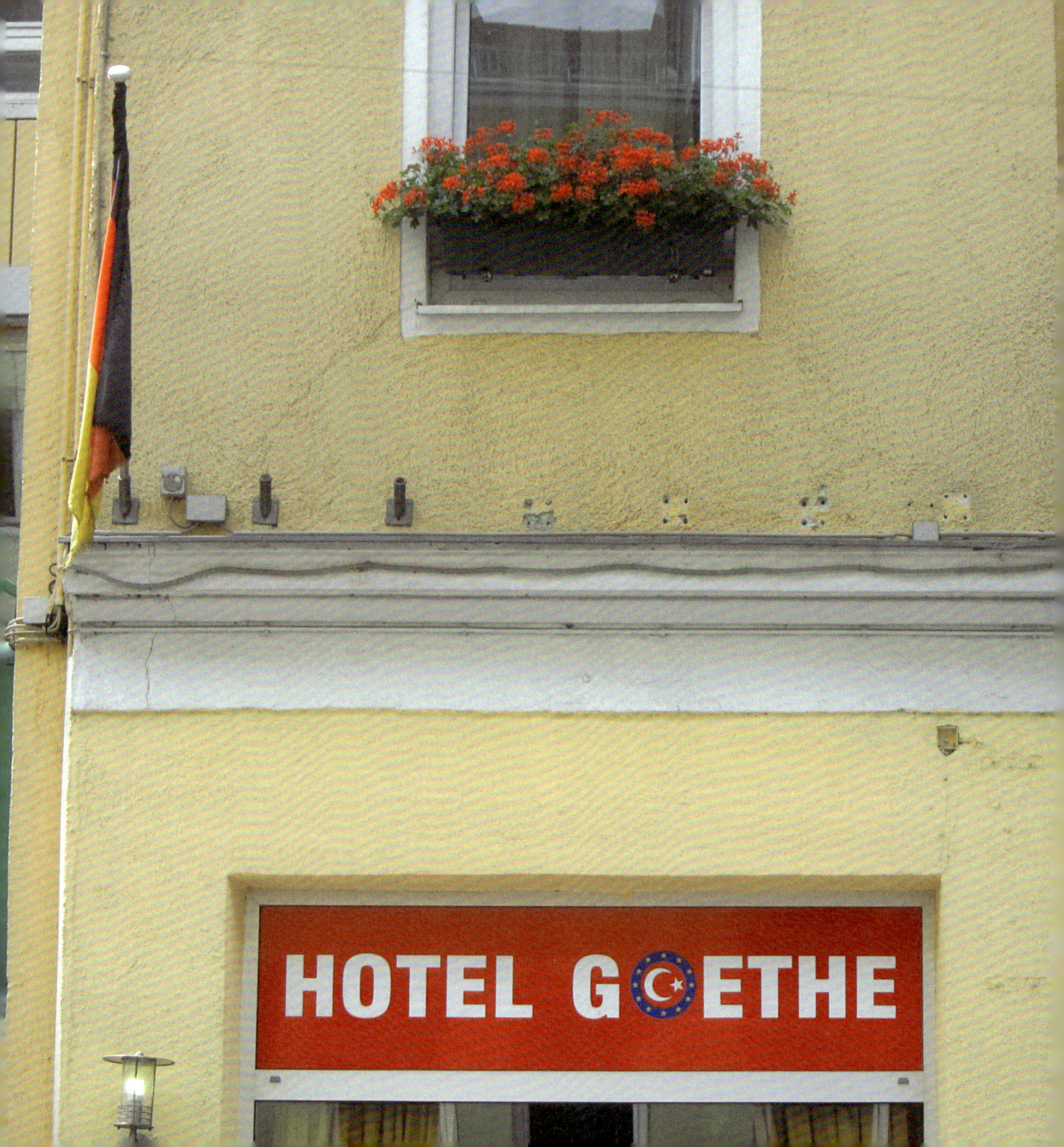
HOTEL GOETHE

Schöner Satz:
»Ich komme aus Deutschland,
aber die Leute sagen, ich sehe jünger aus.«

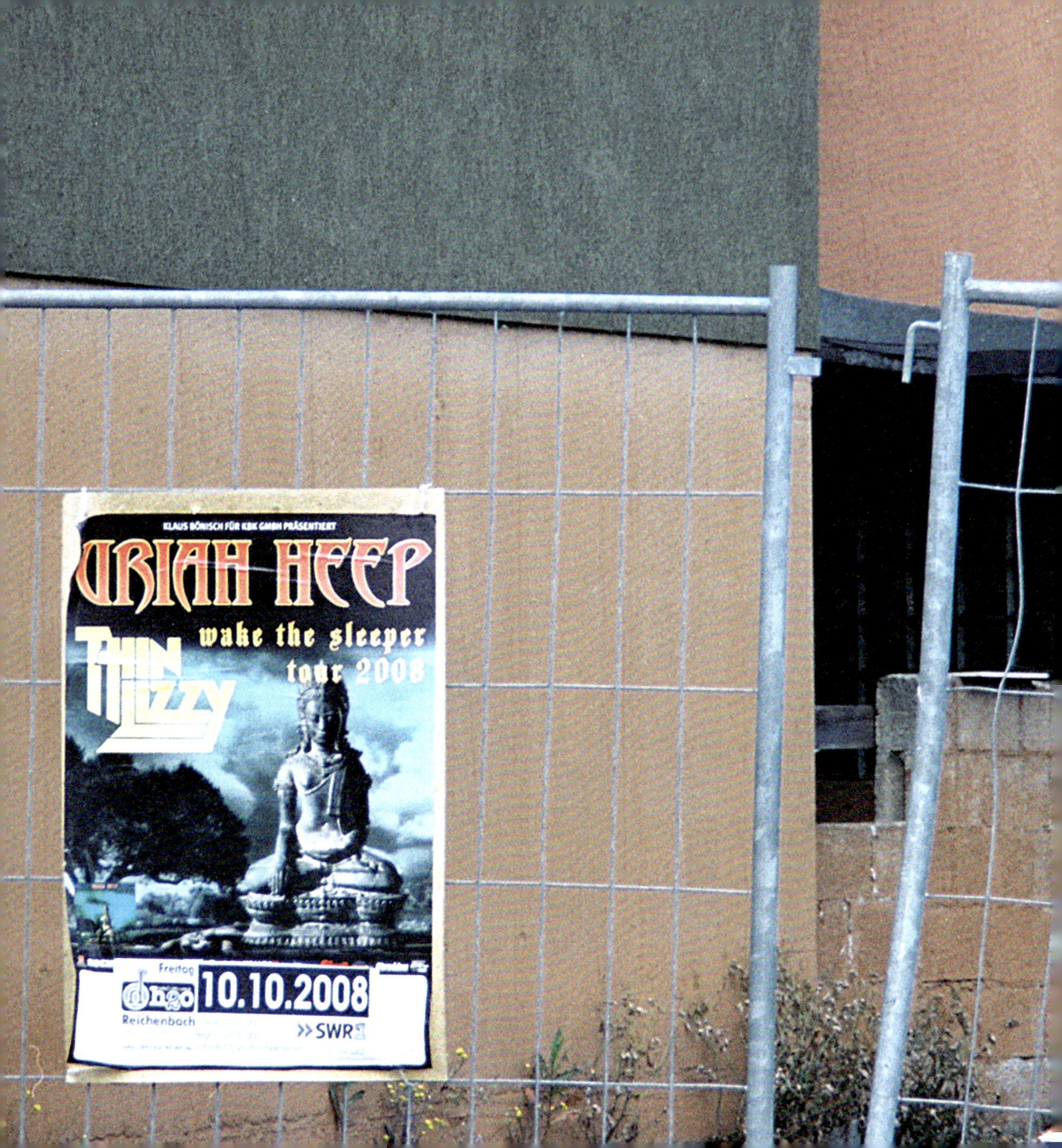
KLAUS BÖNISCH FÜR KBK GMBH PRÄSENTIERT
URIAH HEEP
THIN LIZZY
wake the sleeper
tour 2008
Freitag
10.10.2008
Reichenbach
SWR

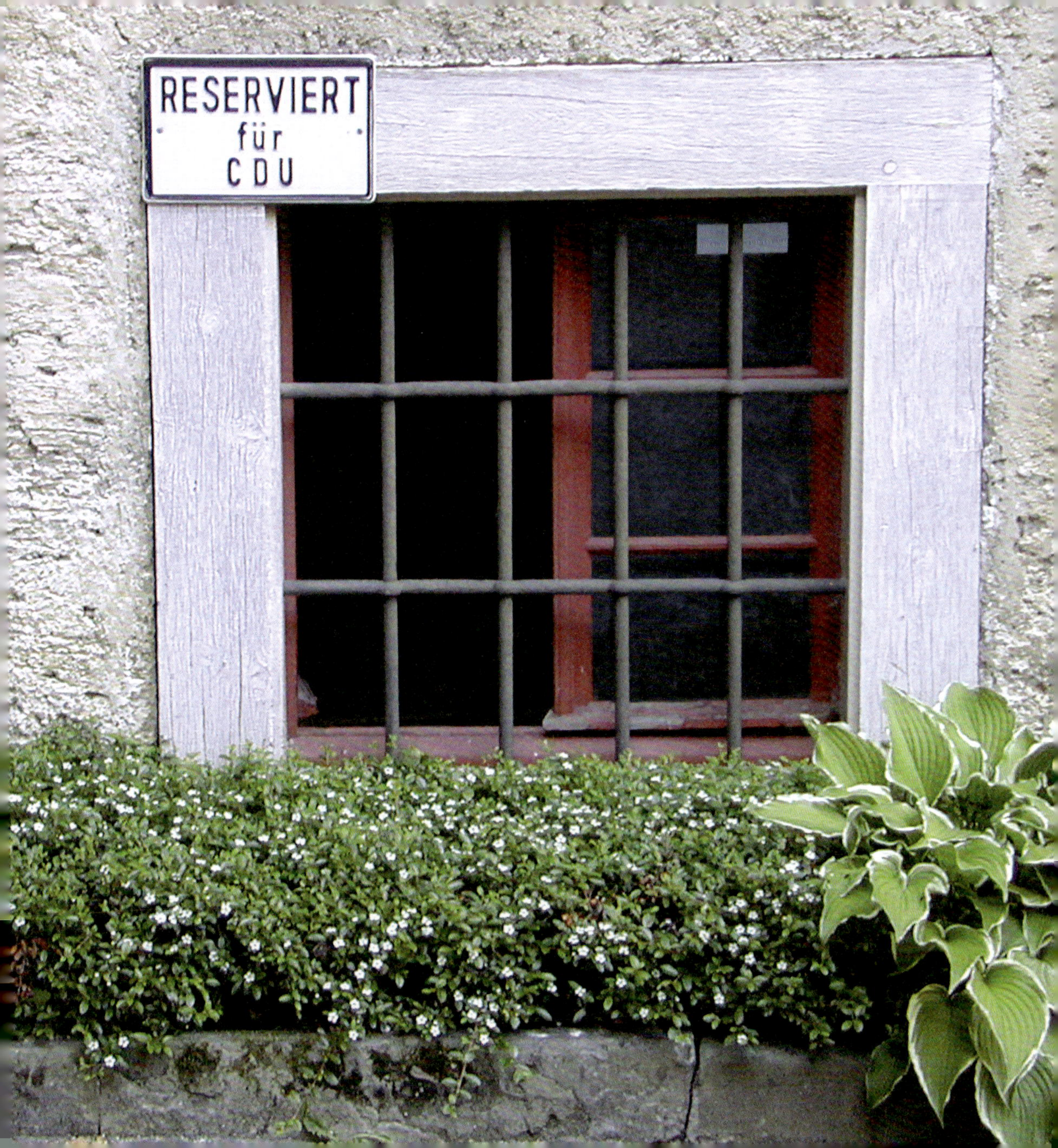
RESERVIERT
für
CDU

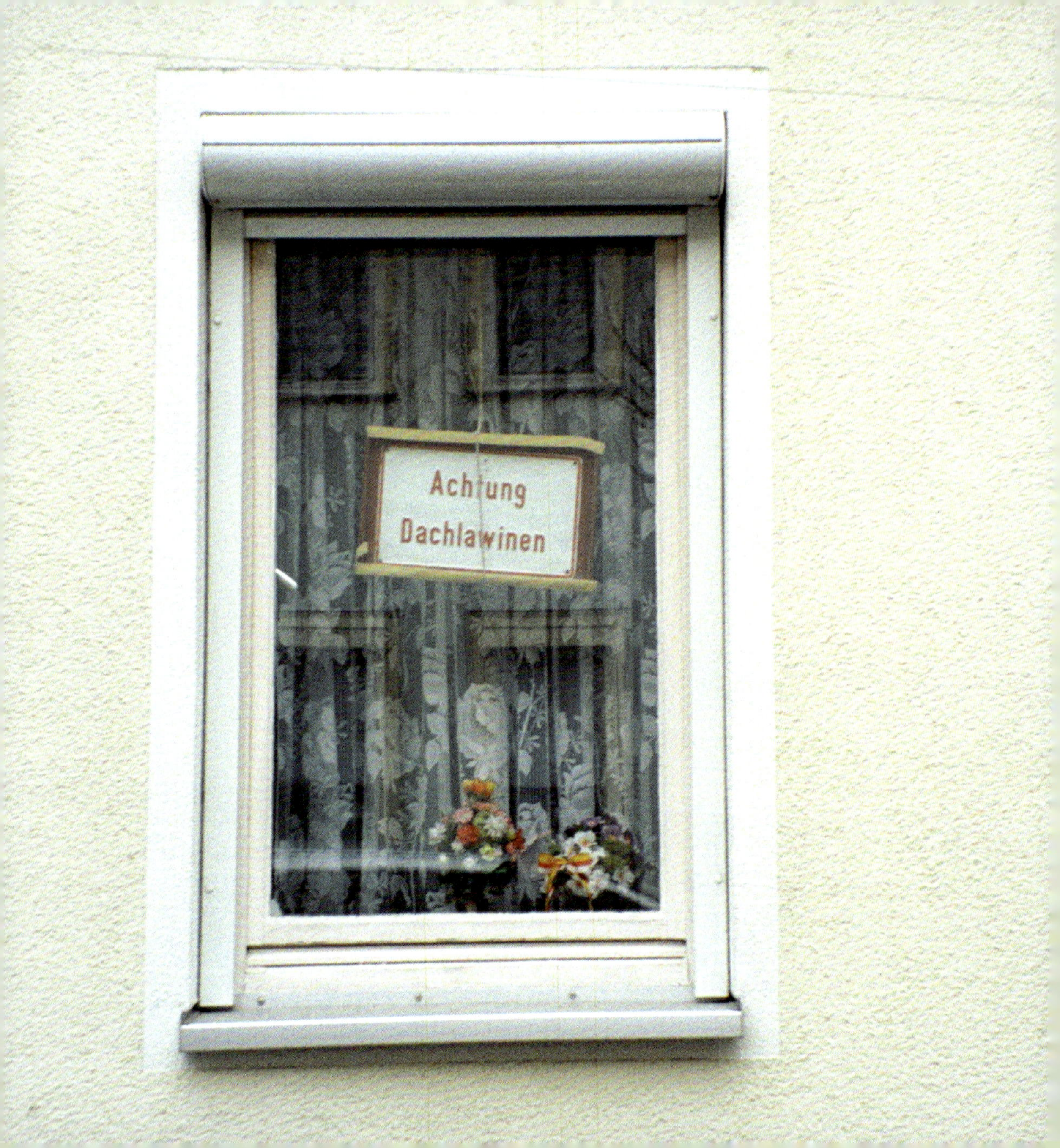
Achtung
Dachlawinen

Wahlforscher haben herausgefunden:
Alle 30 Sekunden stirbt in Deutschland ein CDU-Wähler.
Wie kriegen die so was raus?

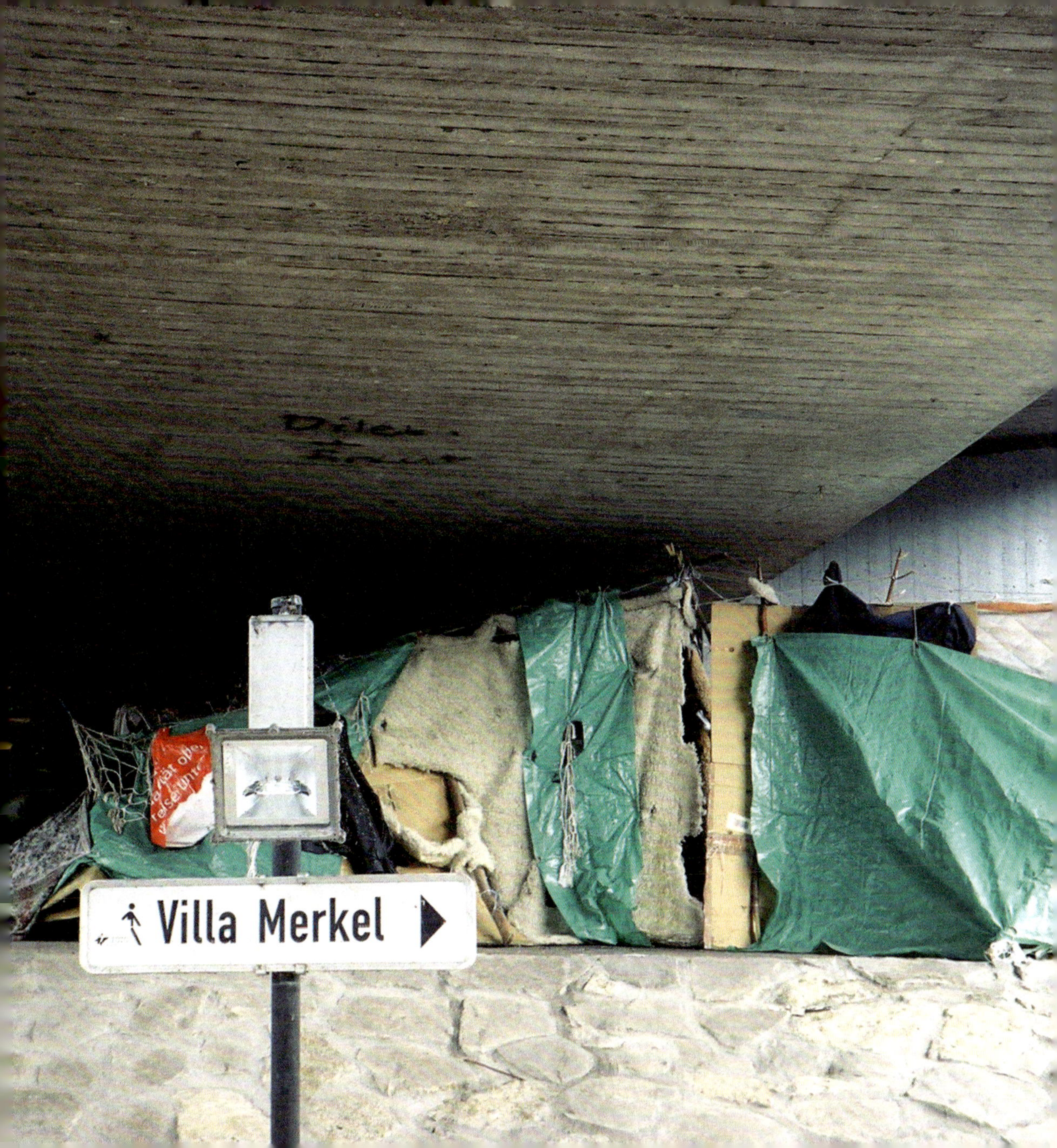
Villa Merkel

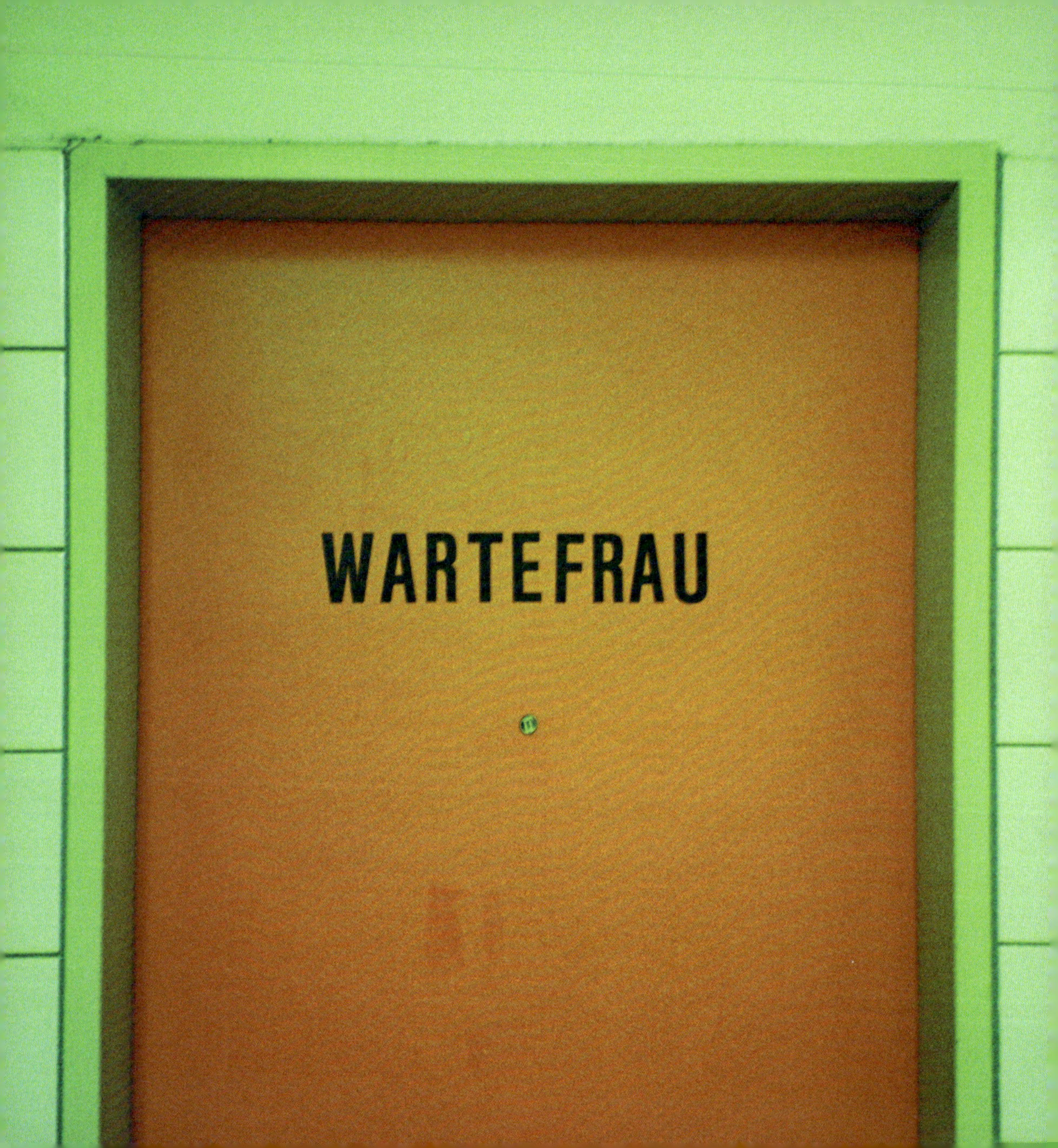
WARTEFRAU

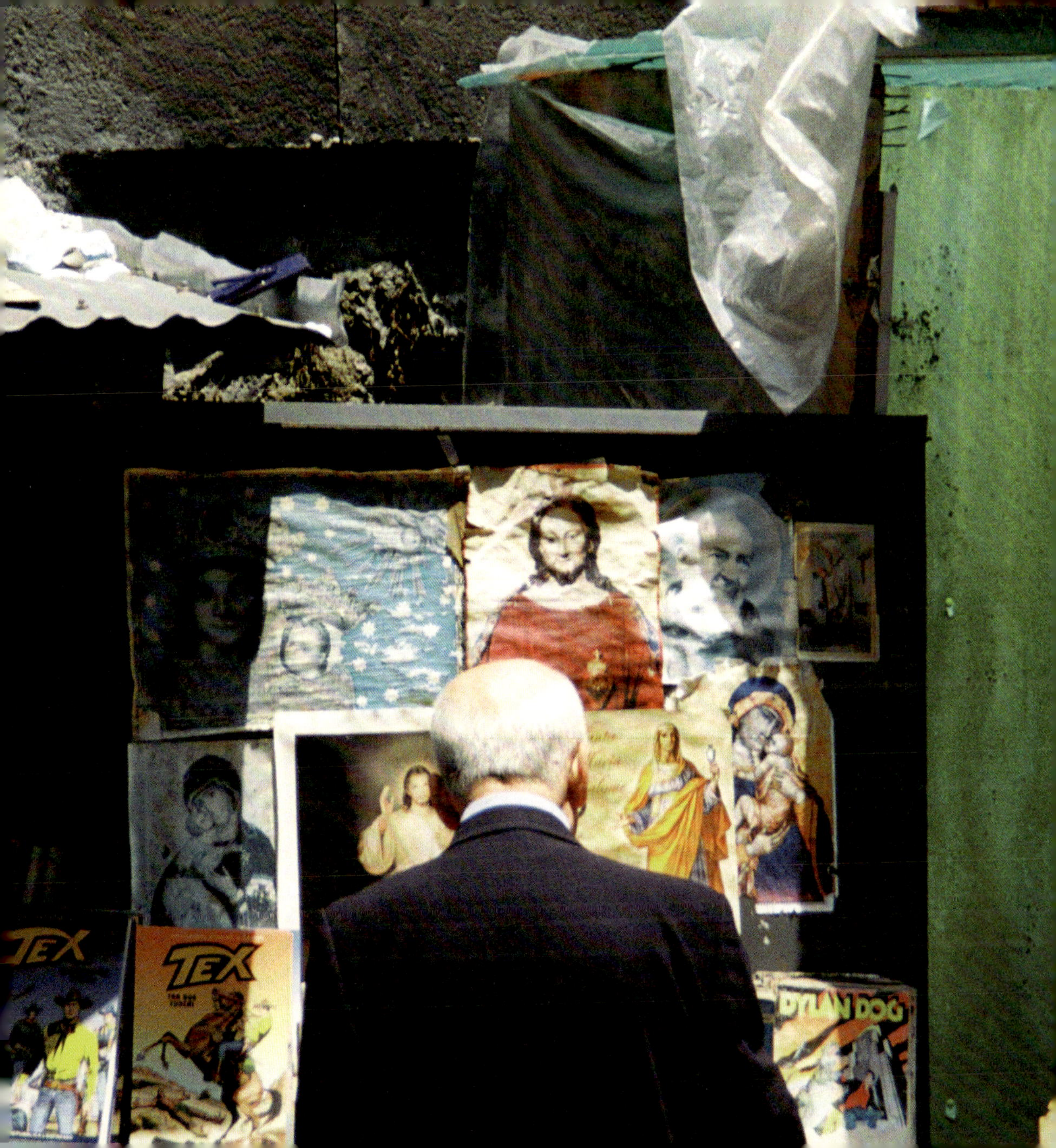
TEX
TEX
DYLAN DOG

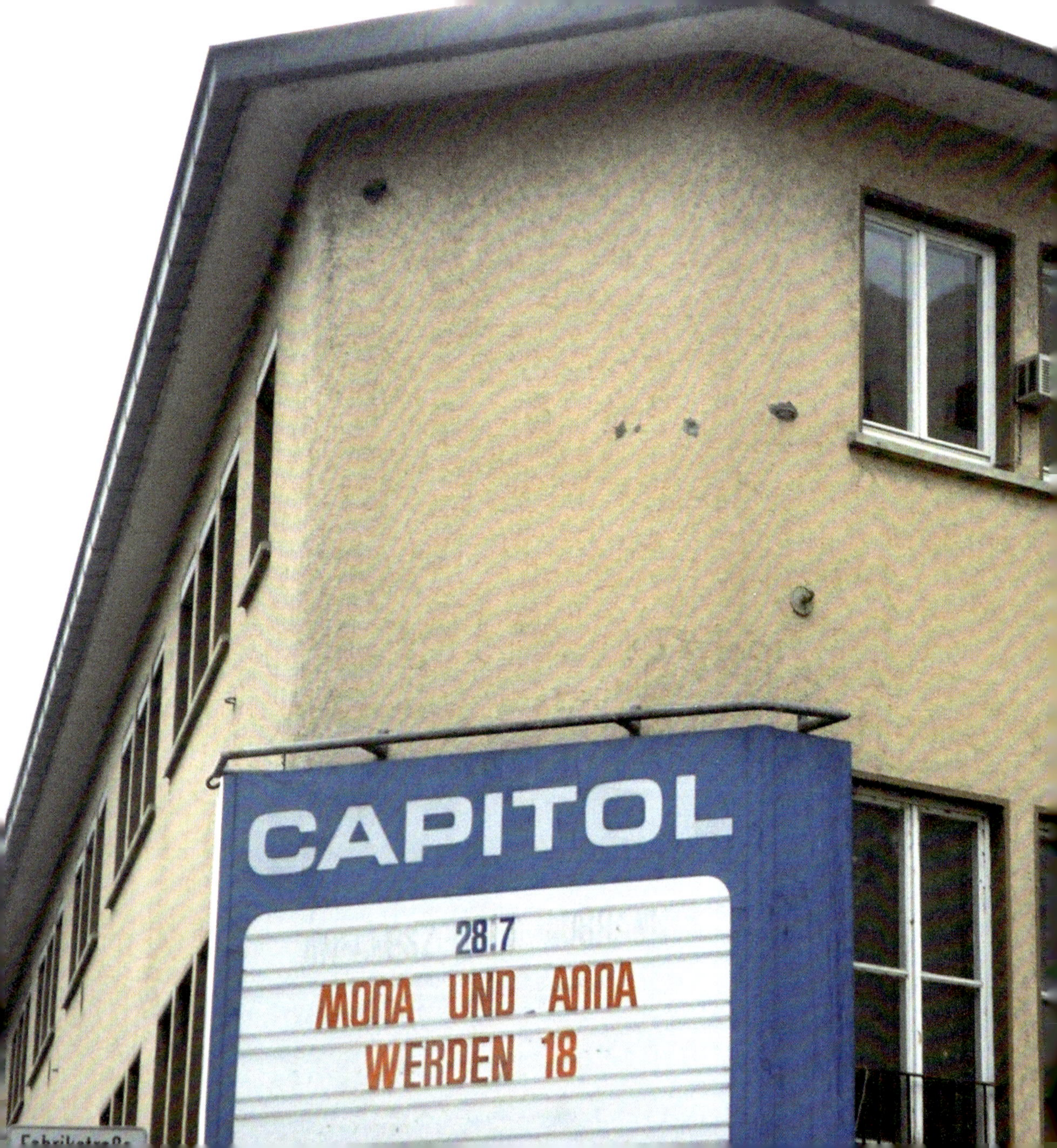
CAPITOL
28.7
MONA UND ANNA
WERDEN 18

Laut Statistik kennen 97 Prozent aller Deutschen Heidi Klum.
Genauso viel wie Jesus. Na dann.

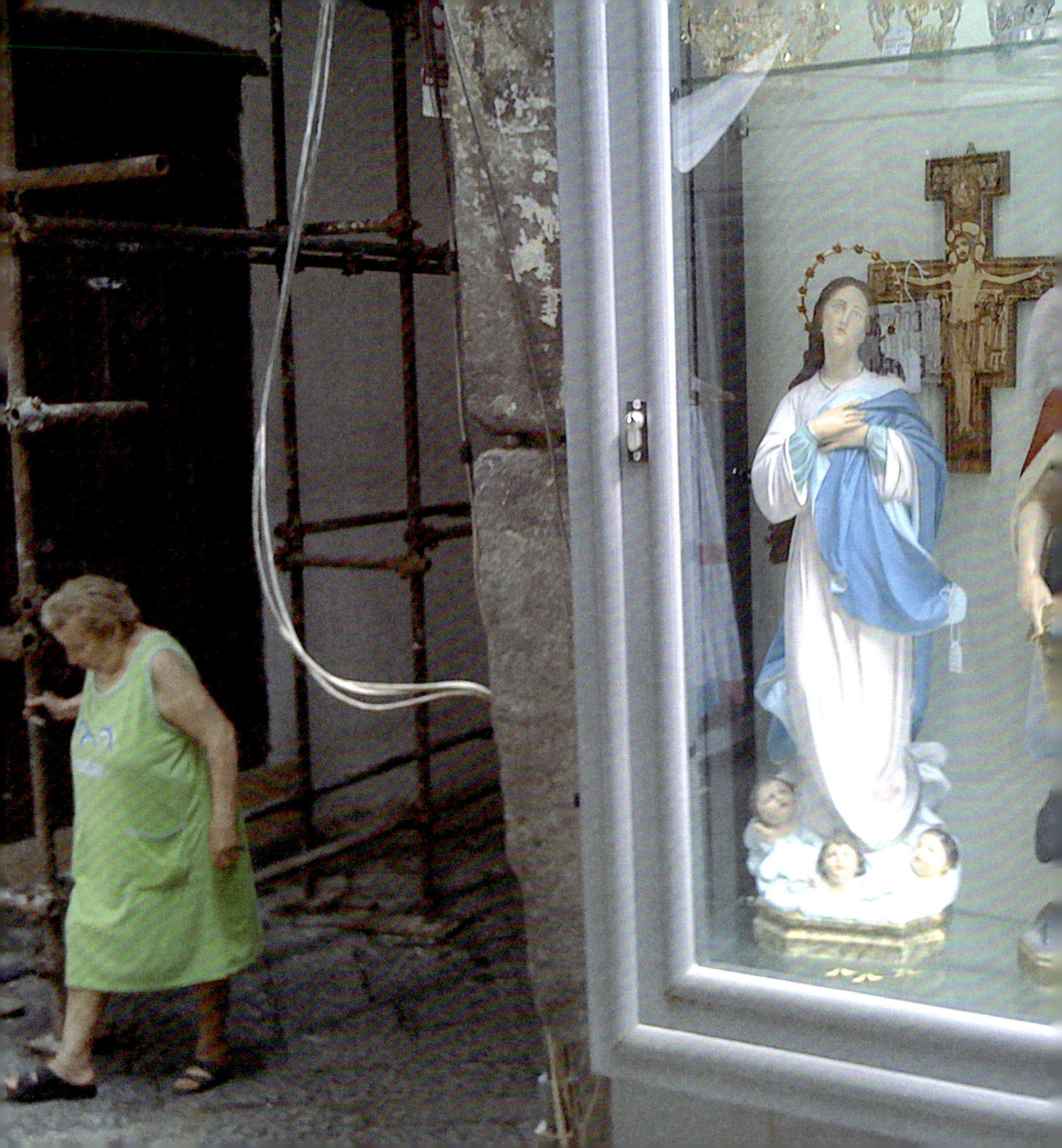

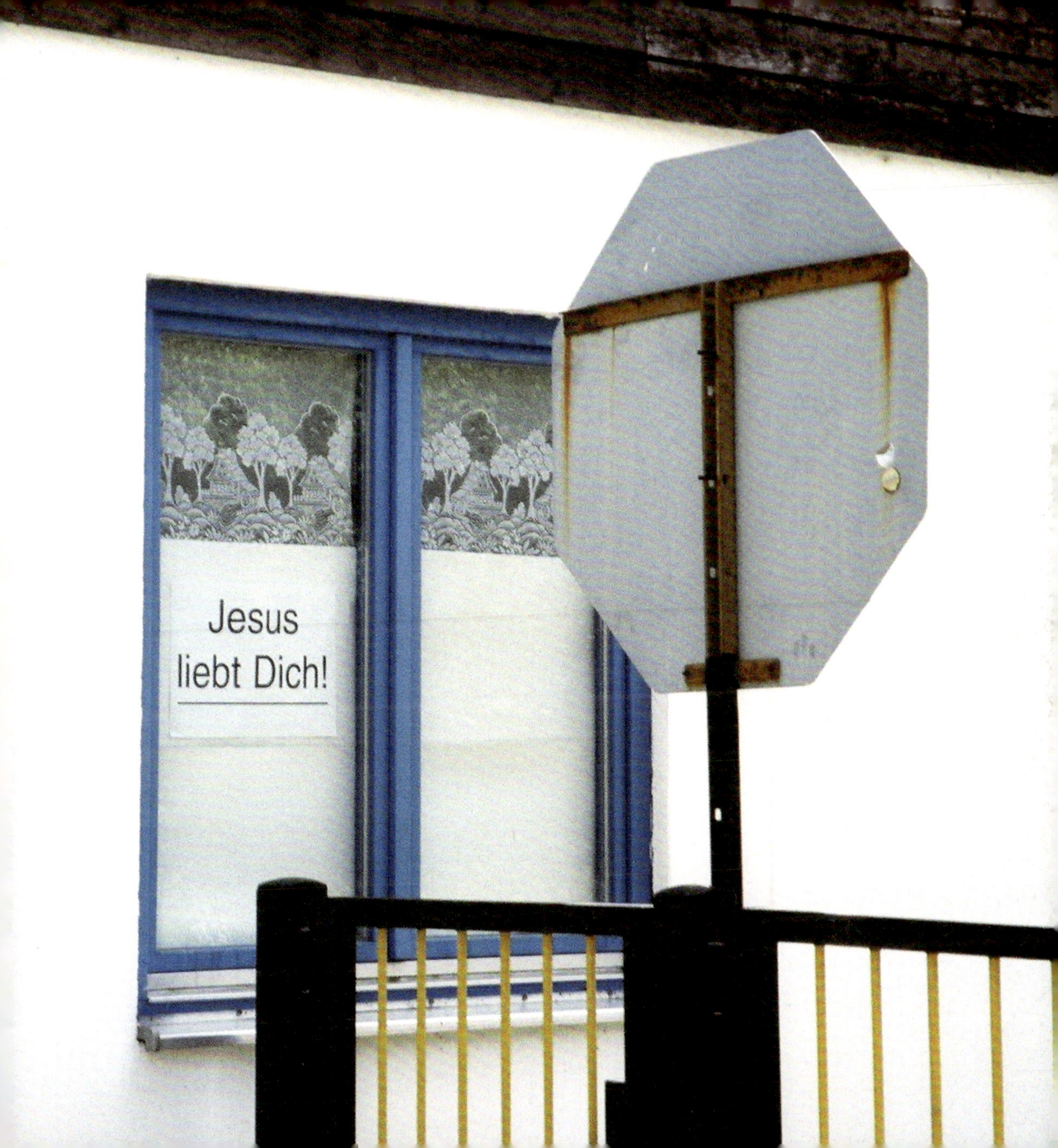
Jesus
liebt Dich!

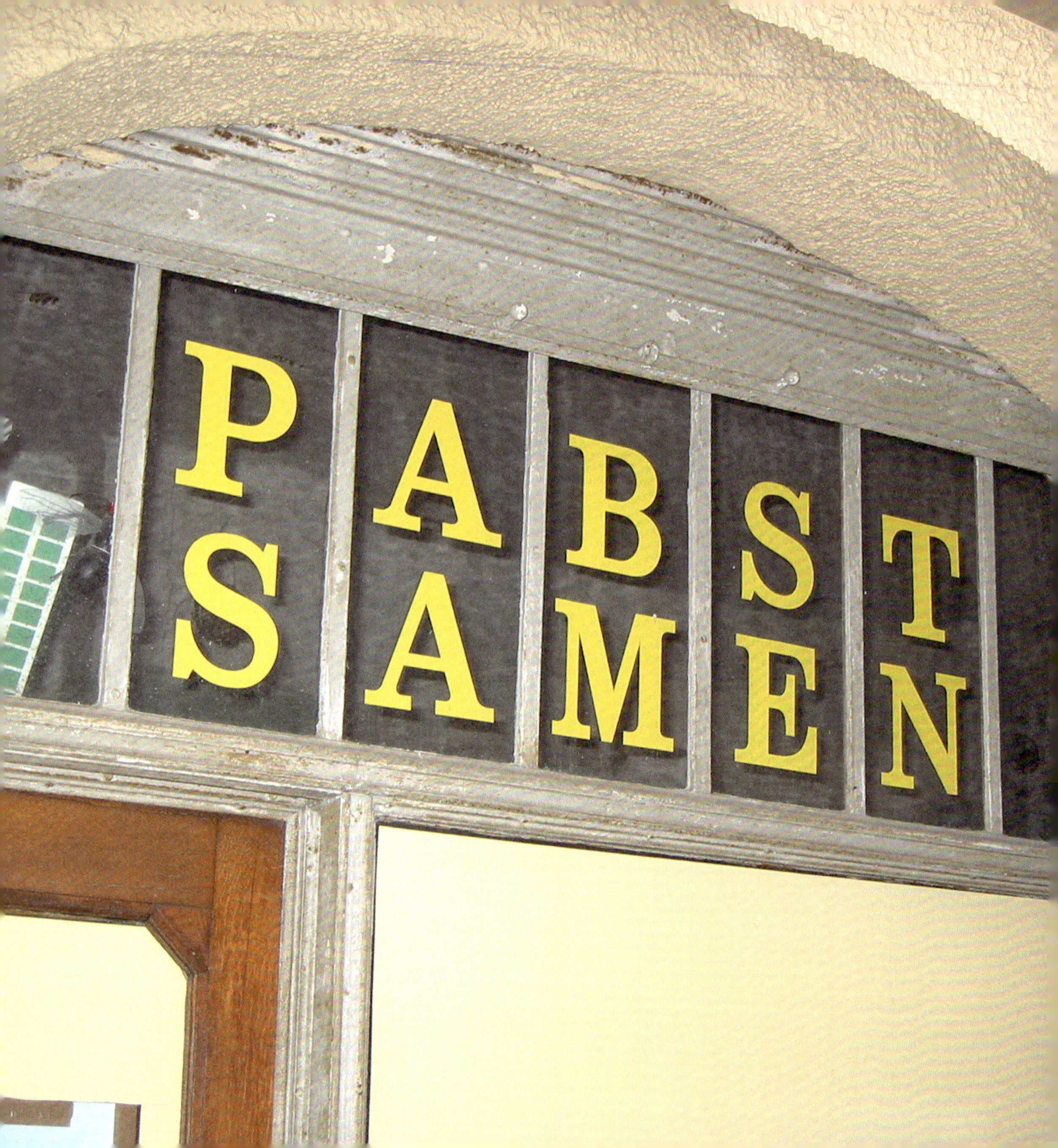
PABST
SAMEN

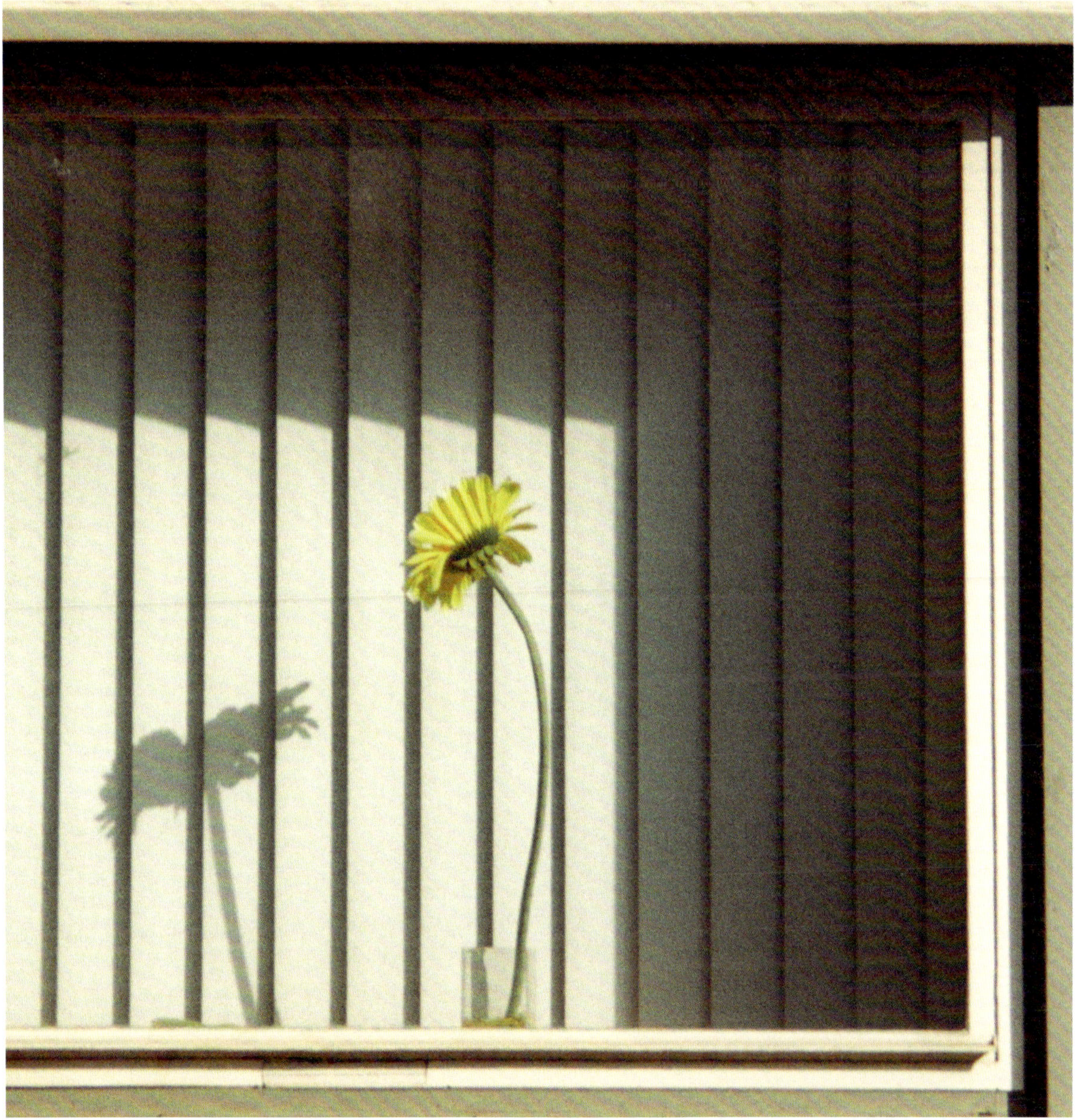

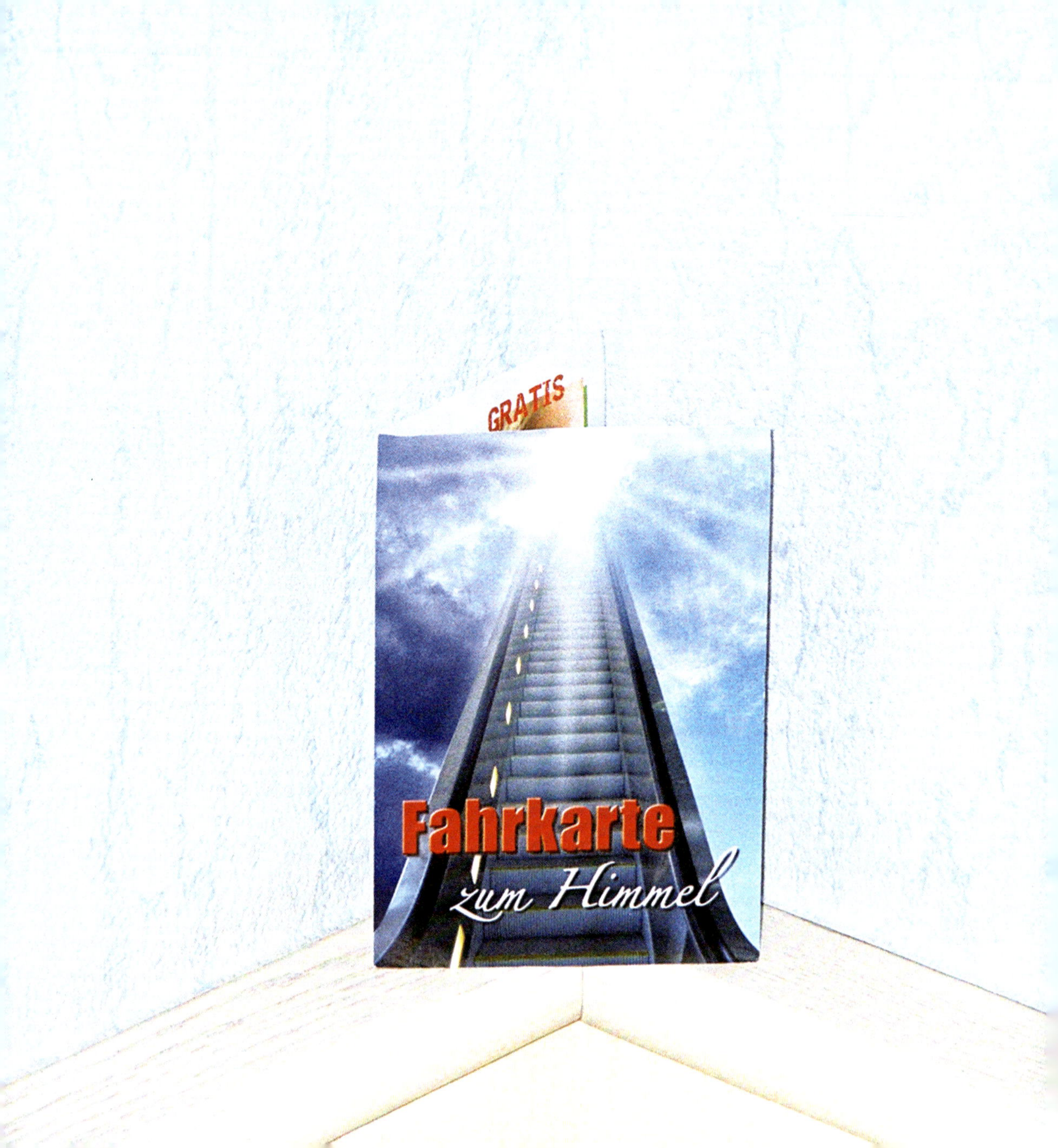
GRATIS
Fahrkarte
zum Himmel

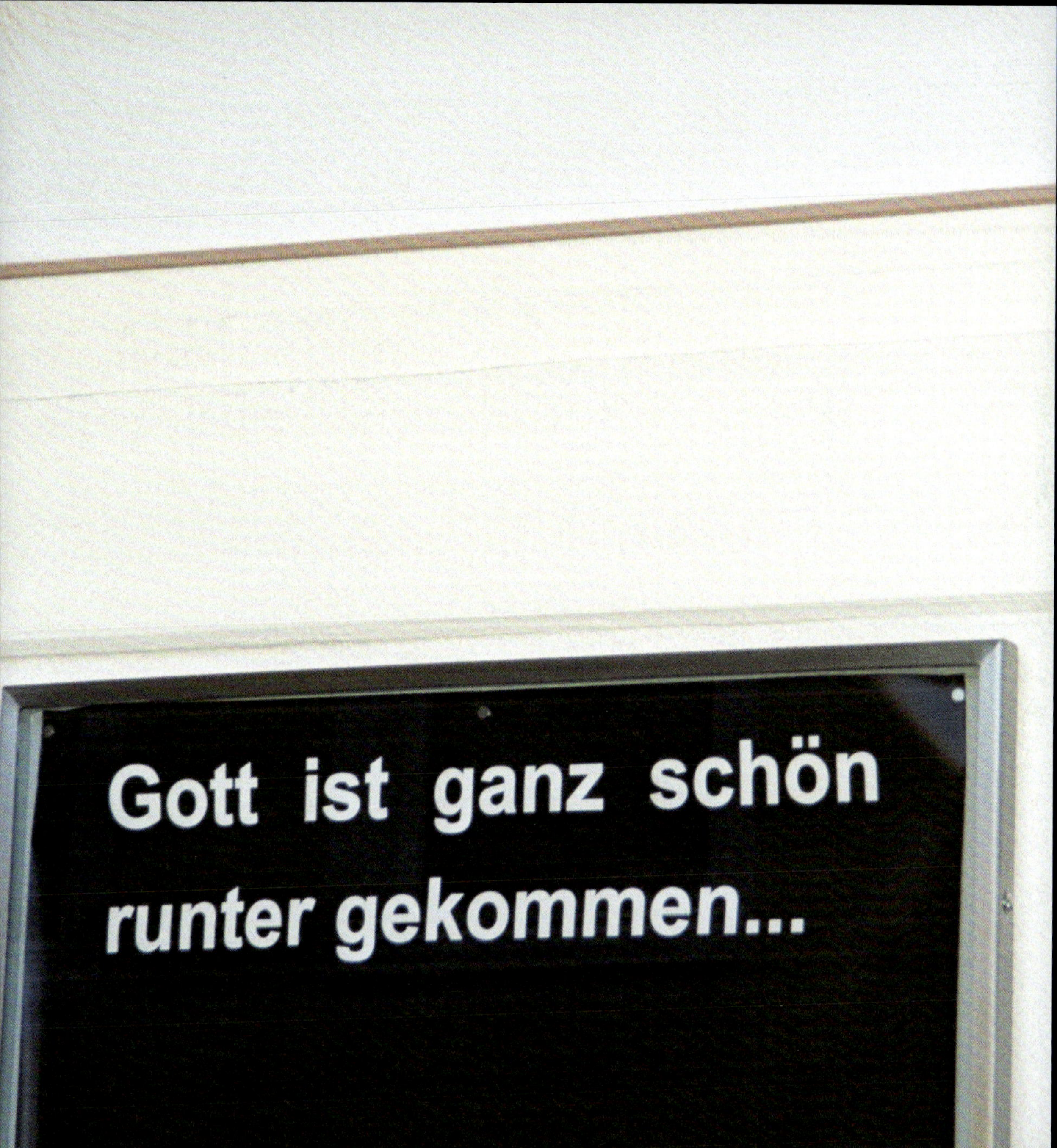
Gott ist ganz schön
runter gekommen...

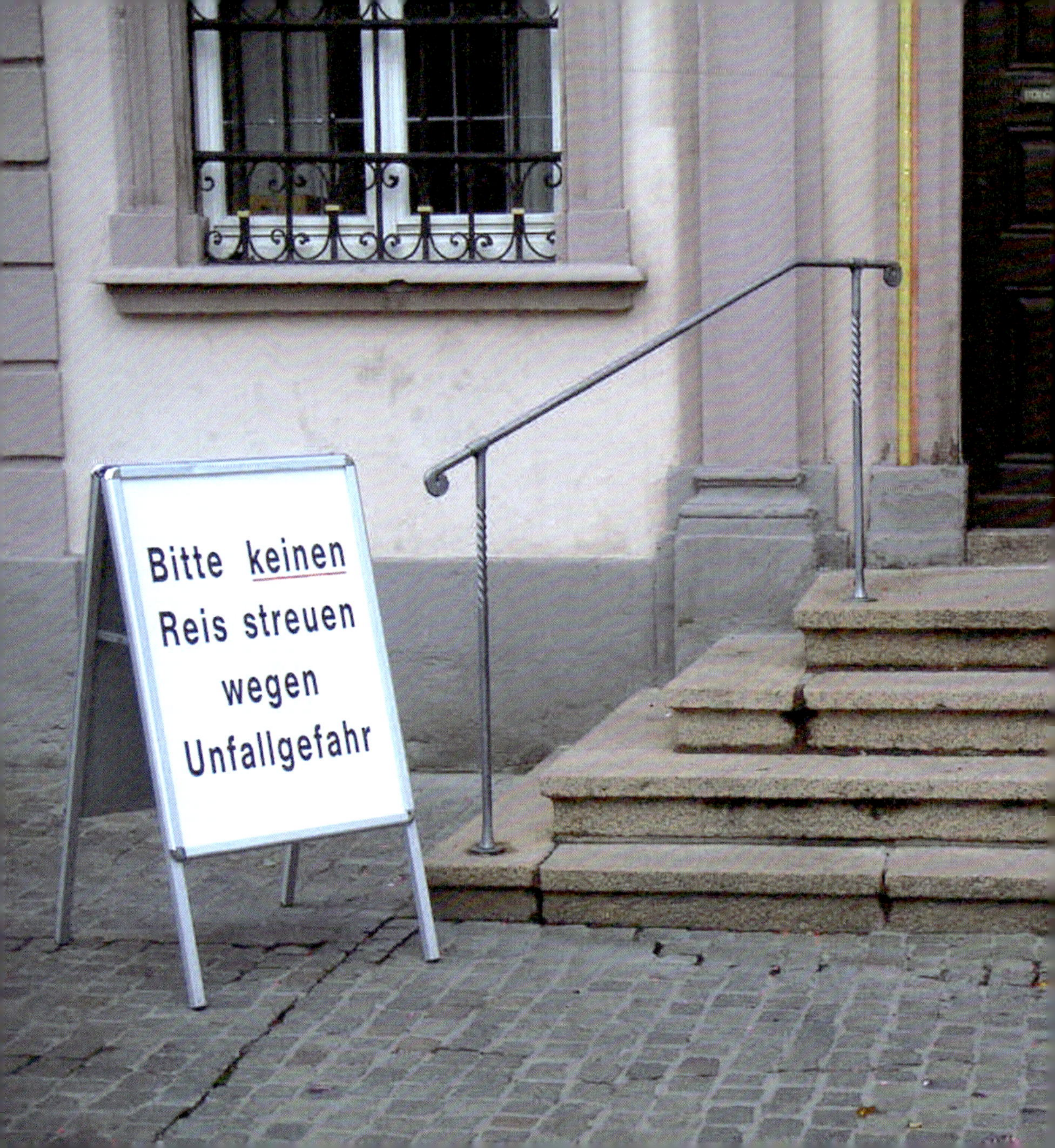
Bitte keinen
Reis streuen
wegen
Unfallgefahr

Die Zeiten werden rauer.
Seit Tagen wird im Umland eine frischgebackene Ehefrau
nach der obligatorischen Brautentführung festgehalten.
Der Bräutigam weigert sich standhaft, das Lösegeld zu bezahlen.

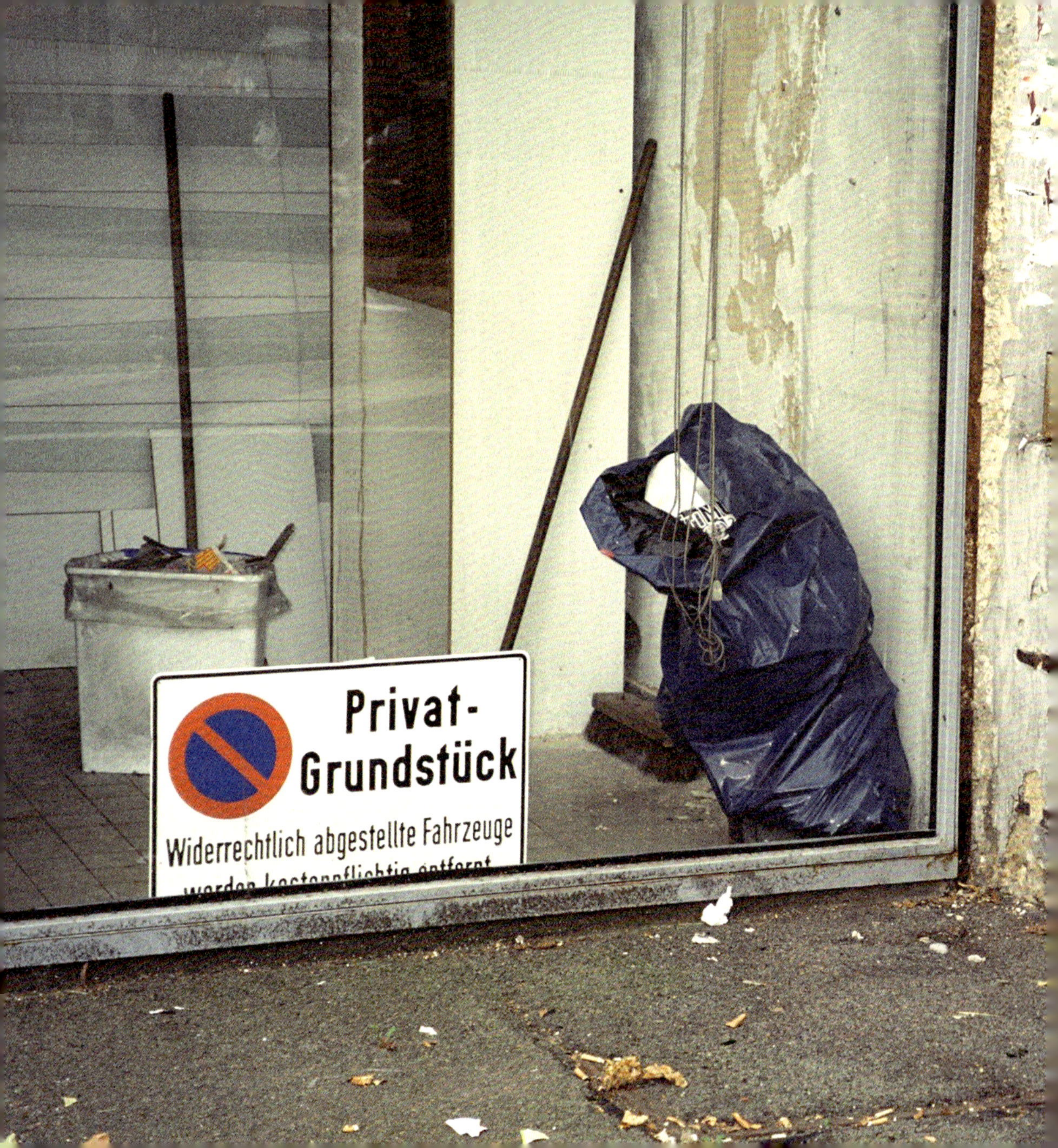
Privat-
Grundstück
Widerrechtlich abgestellte Fahrzeuge

Märklin und Schiesser sind pleite.
Das trifft meinen Onkel E. doppelt hart.
Trotzdem, sagt er, werde er weiterbasteln, im Unterhemd,
an seiner geliebten Eisenbahn.
Demnächst wolle er »Stuttgart 21« nachbauen.
Frage mich, wie das gehen soll? Wie will er den Bahnhof bauen?
Unter der Pressspanplatte?

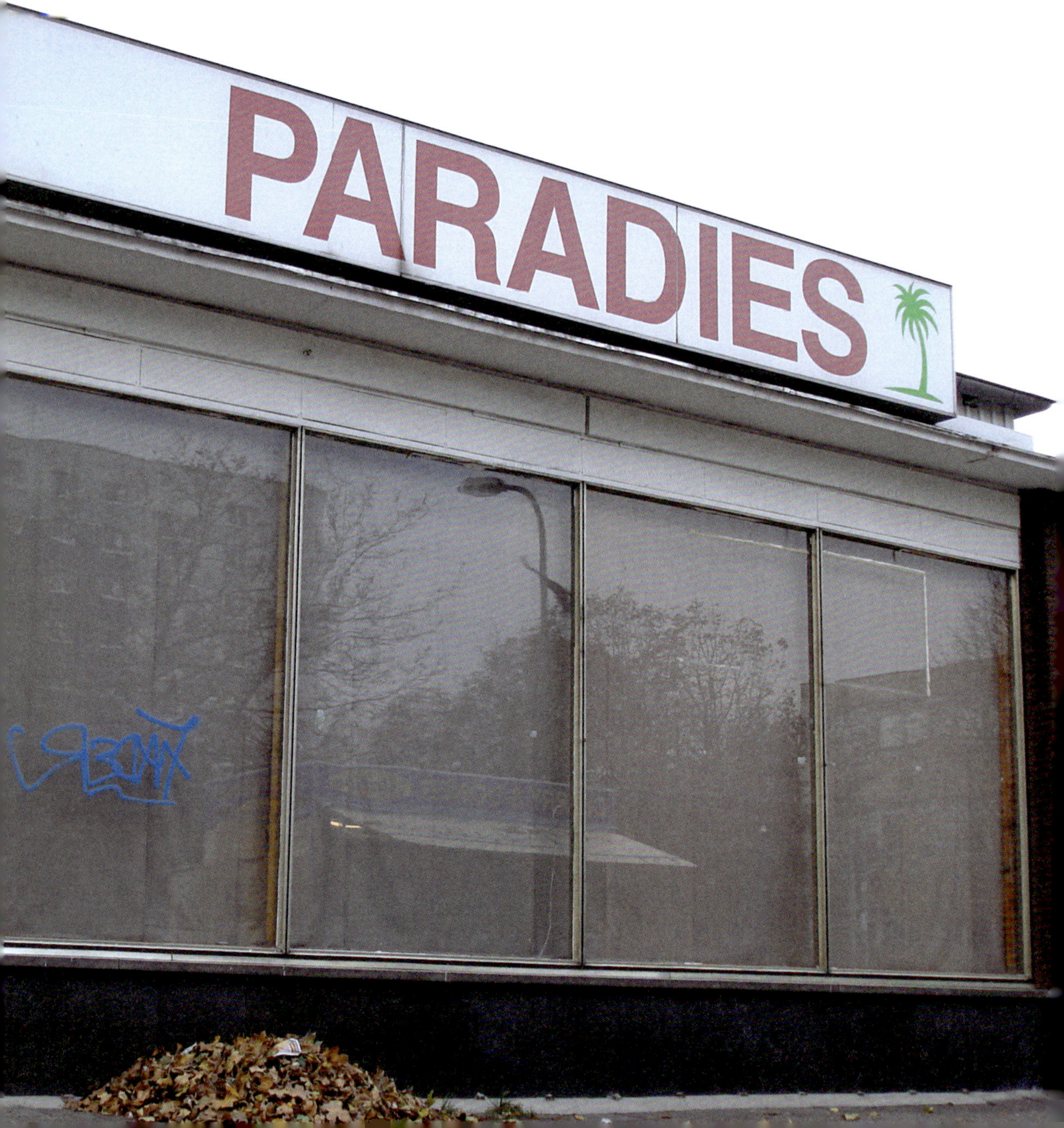
PARADIES

Auf dem Südfriedhof gibt es einen Mann, der regelmäßig ans Grab seiner verstorbenen Frau kommt, um ihr mal so richtig die Meinung zu sagen. Zu Lebzeiten sei er einfach nicht dazu gekommen.

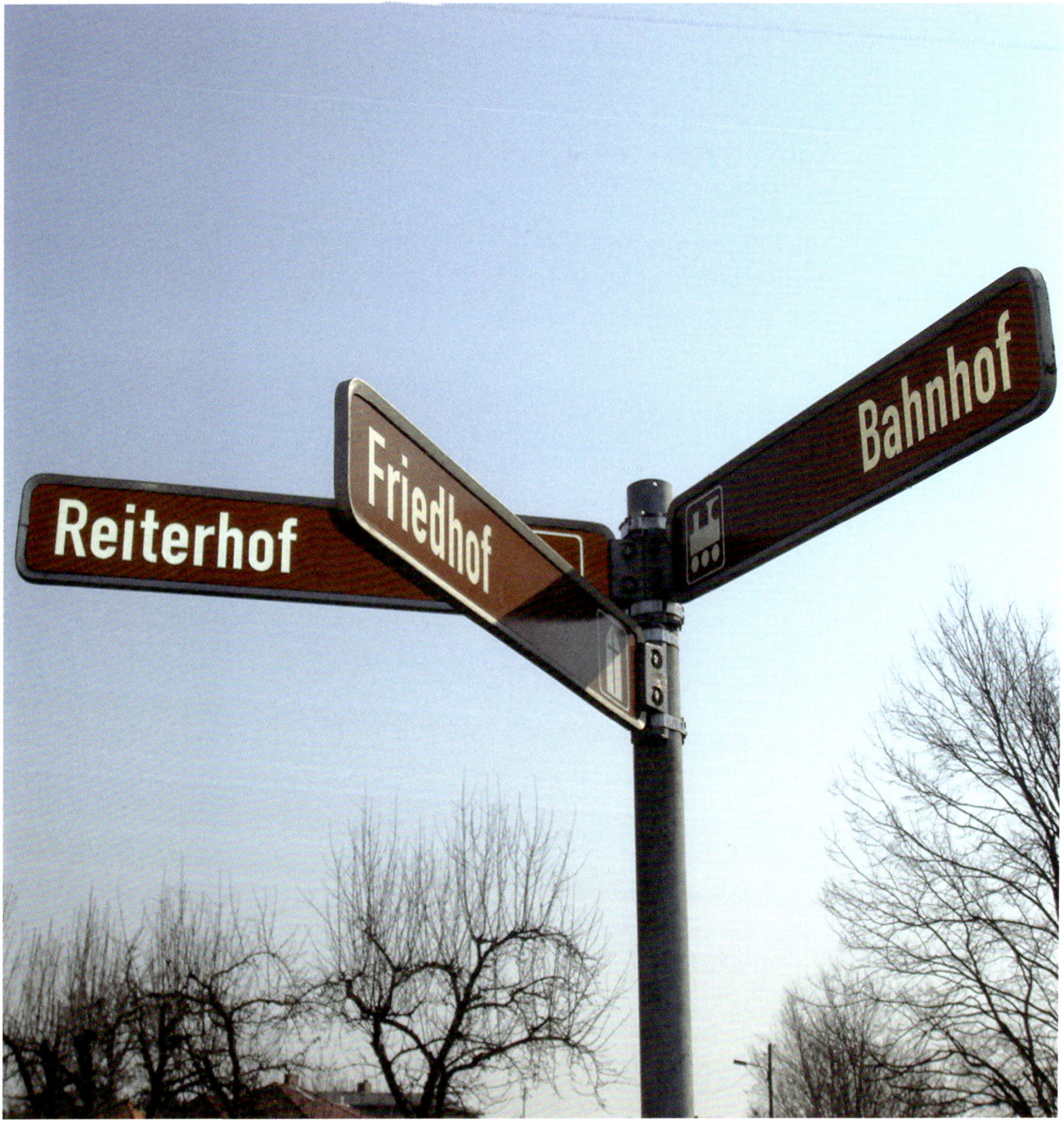
Reiterhof
Friedhof
Bahnhof

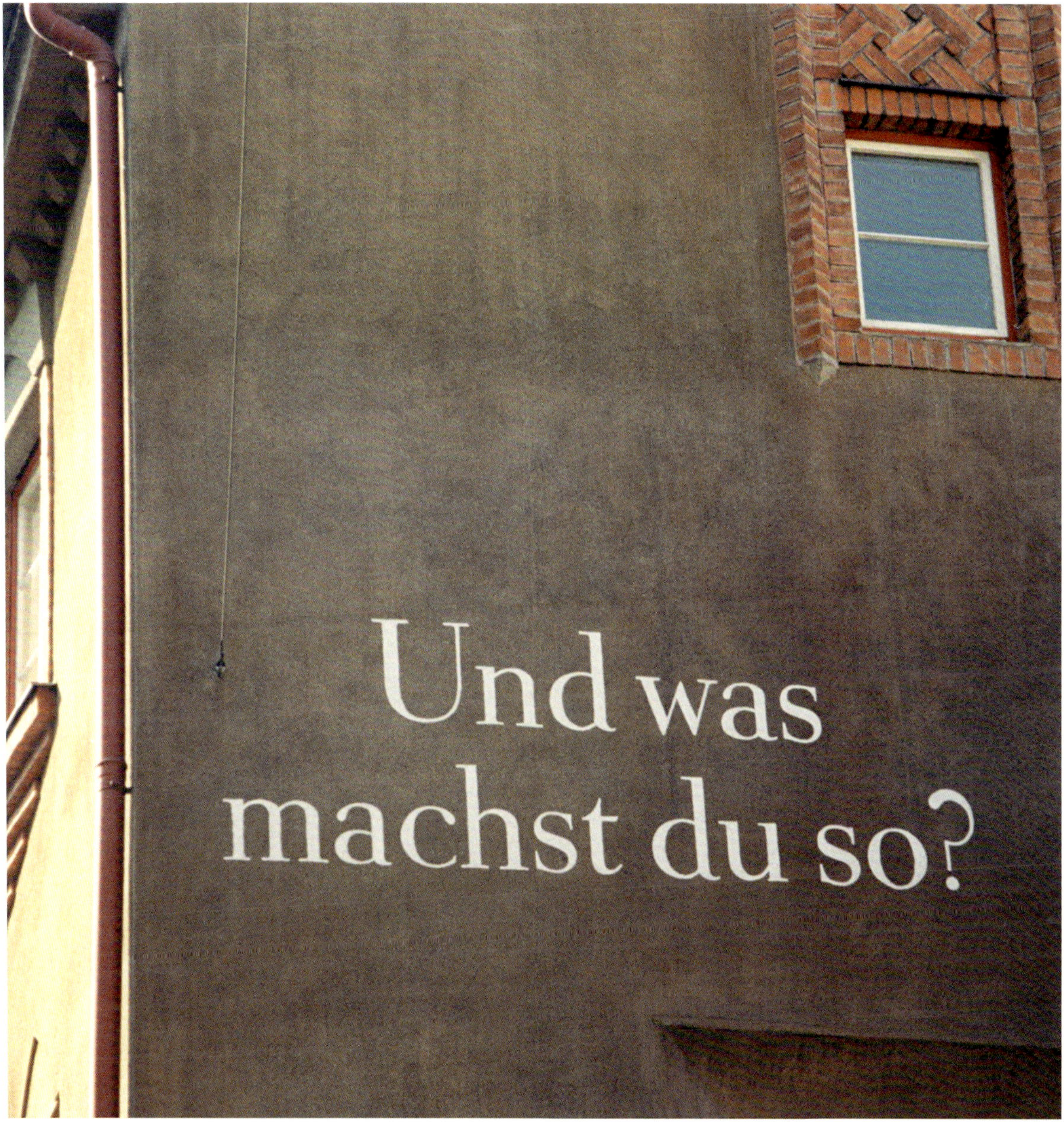
Und was
machst du so?

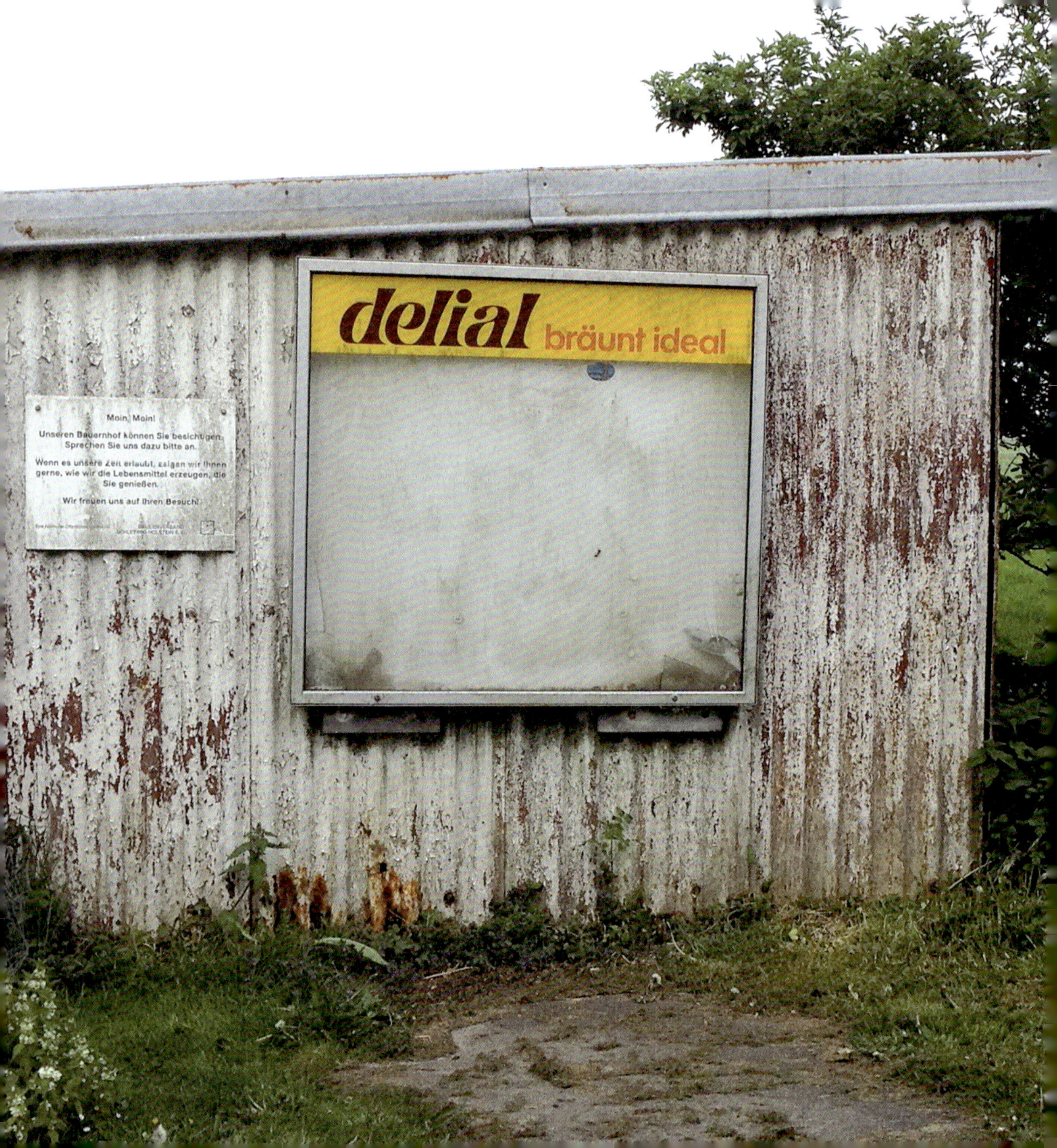
Moin, Moin!
Unseren Bauernhof können Sie besichtigen.
Sprechen Sie uns dazu bitte an.
Wenn es unsere Zeit erlaubt, zeigen wir Ihnen gerne, wie wir die Lebensmittel erzeugen, die Sie genießen.
Wir freuen uns auf Ihren Besuch!
delial
bräunt ideal

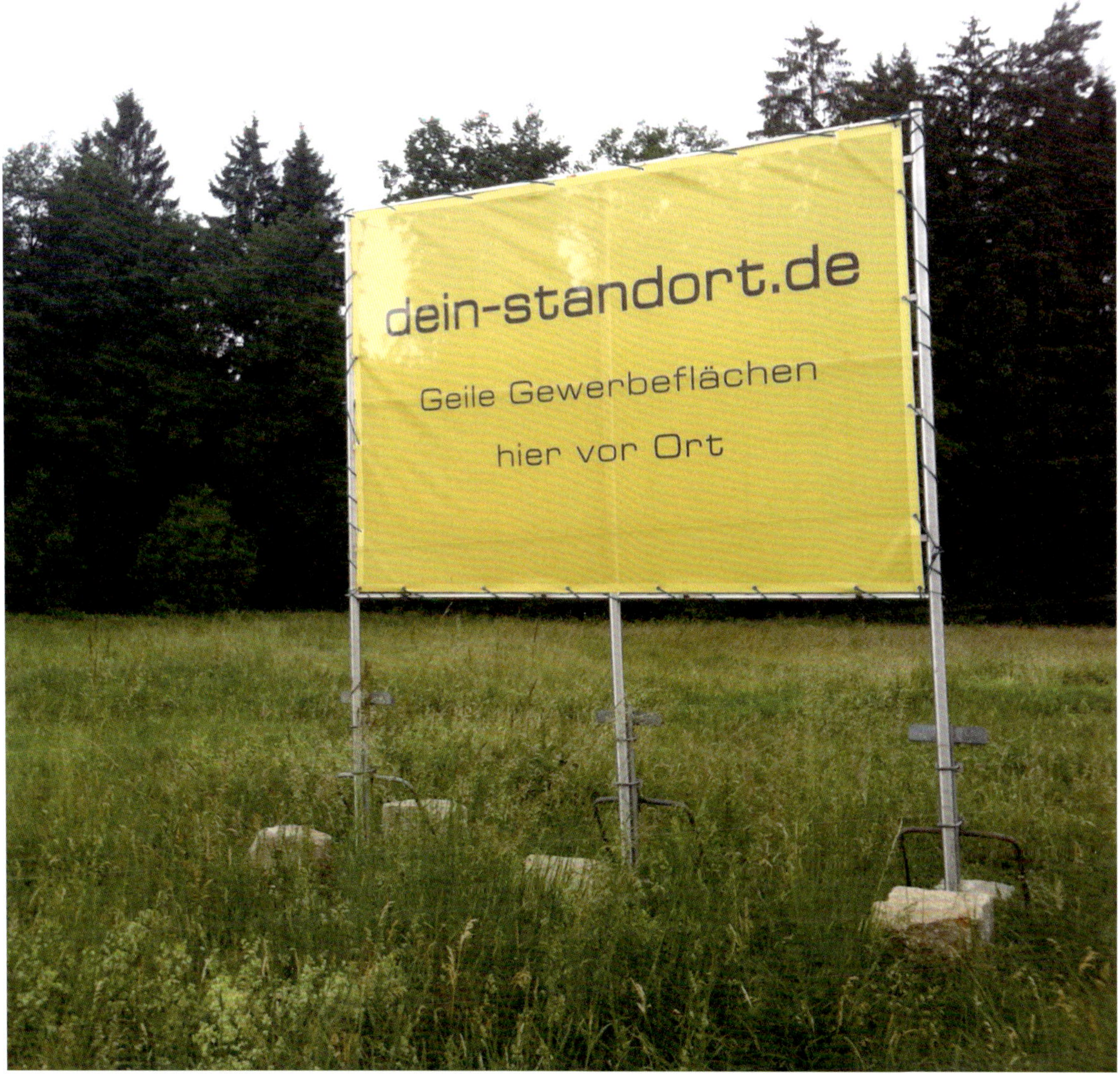
dein-standort.de
Geile Gewerbeflächen
hier vor Ort

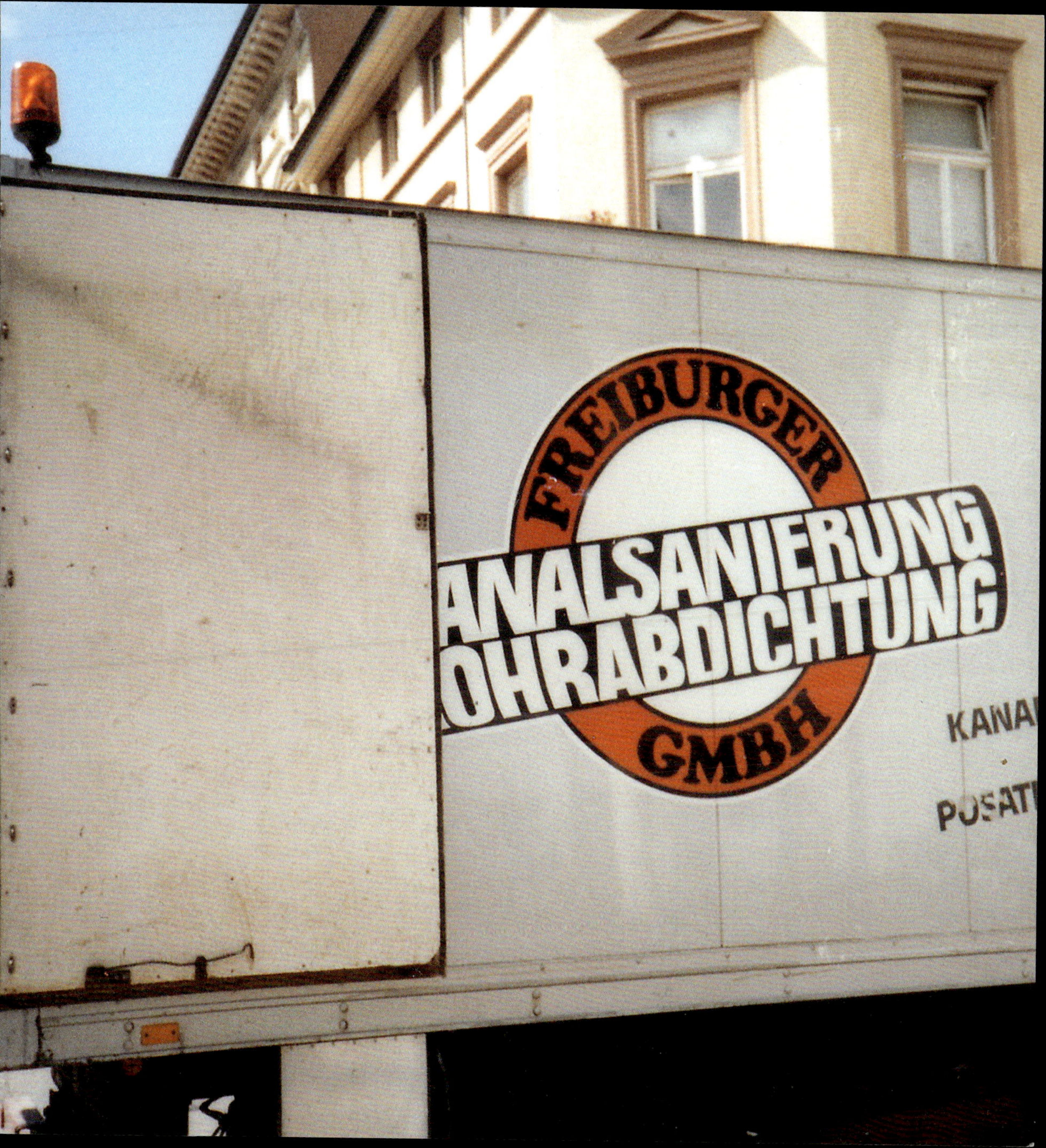
FREIBURGER
ANALSANIERUNG
OHRABDICHTUNG
GMBH

Anmerkung zum öffentlichen Fußballgenuss.
Public Viewing ist englisch. Gibt es aber nur in Deutschland.
In englischsprachigen Ländern bedeutet Public Viewing
»das öffentliche Aufbahren von Leichen«.

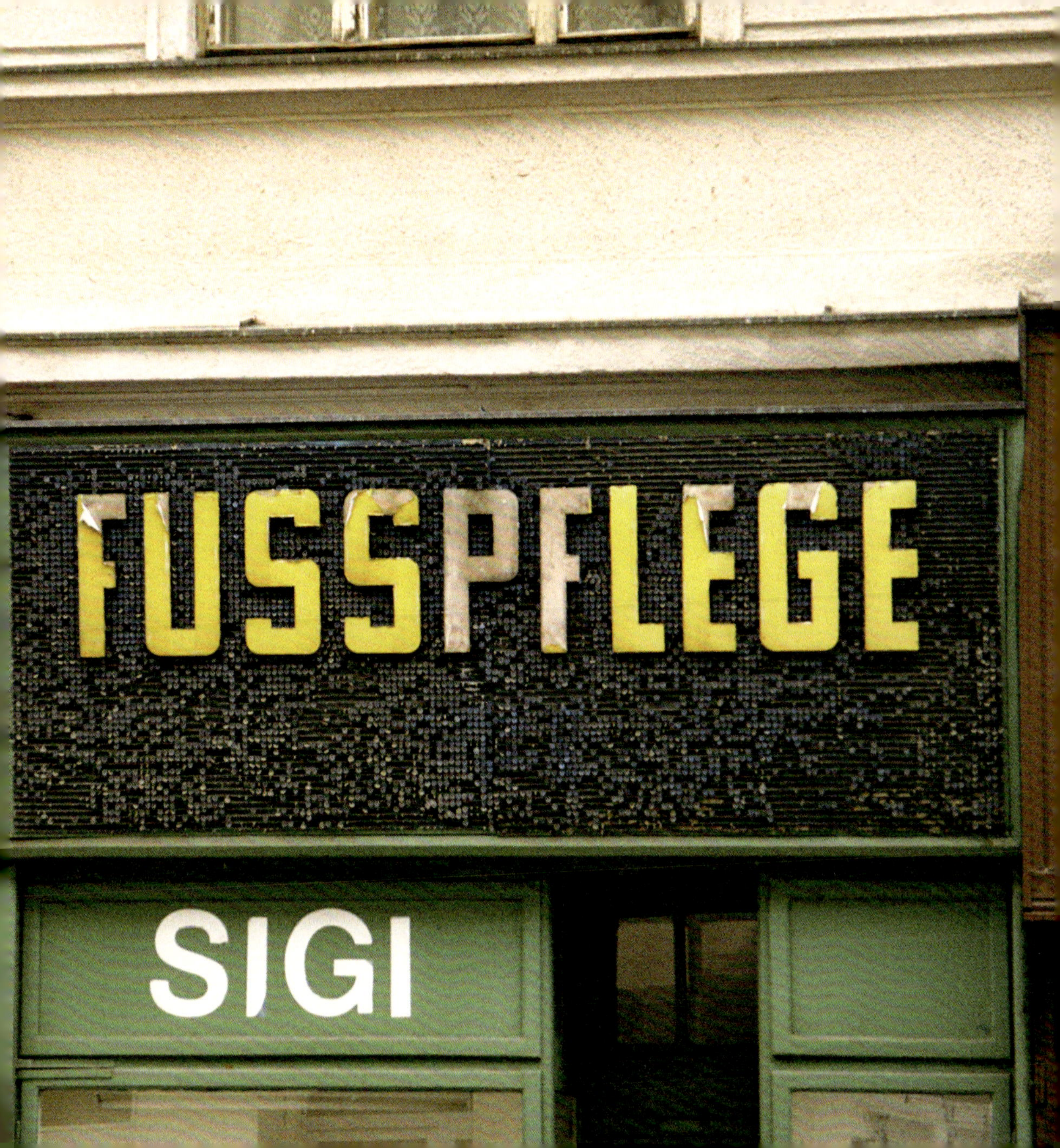
FUSSPFLEGE
SIGI

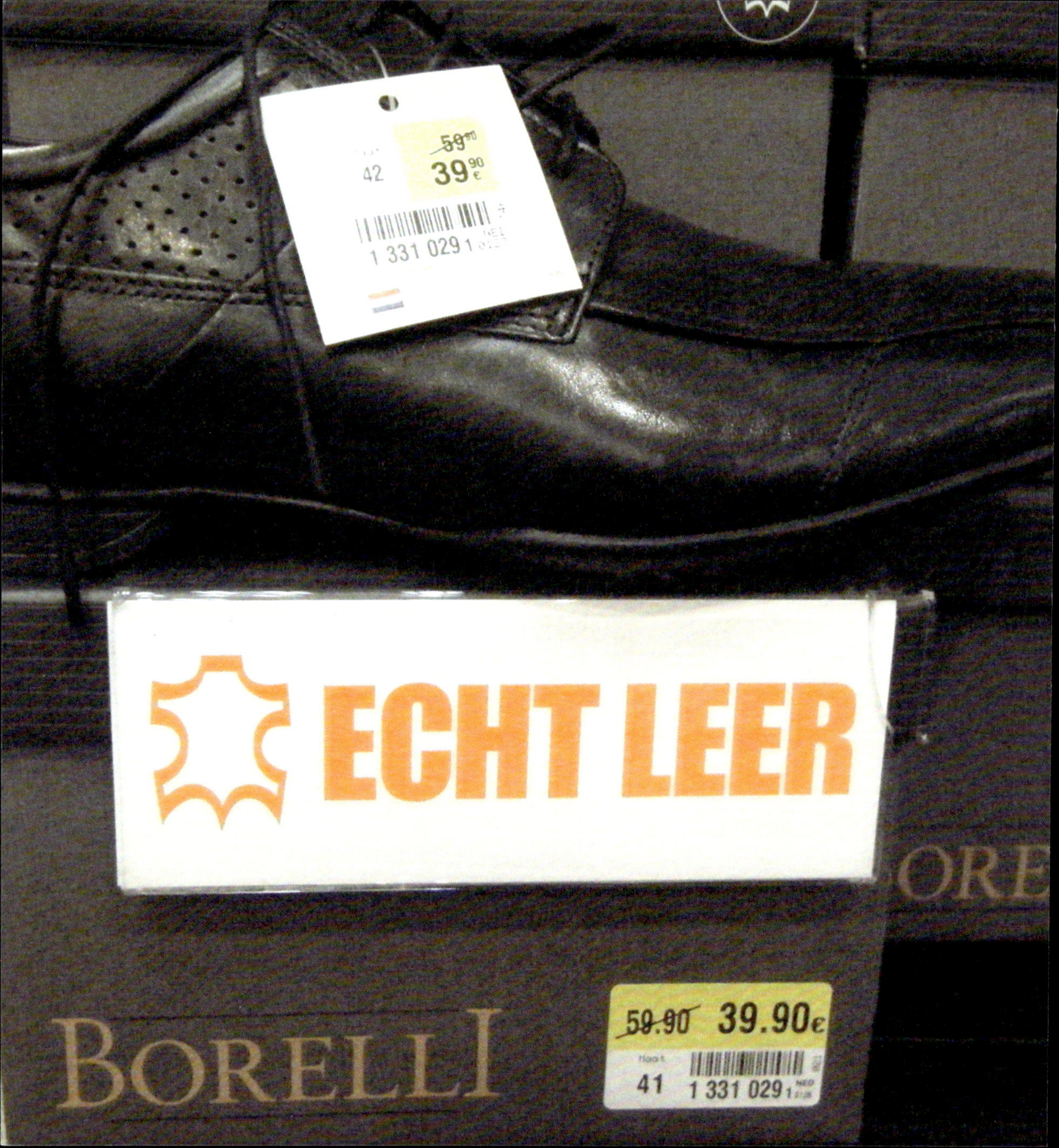

59,90
39,90 €
42
1 331 029 1
ECHT LEER
BORELLI
59.90 39.90€
41
1 331 029 1

Hätte dieser irakische Journalist, der George W. Bush einst mit seinen Schuhen beworfen hat, Crocs genommen, wäre diese Aktion ästhetisch von einer ganz anderen Tiefe gewesen.

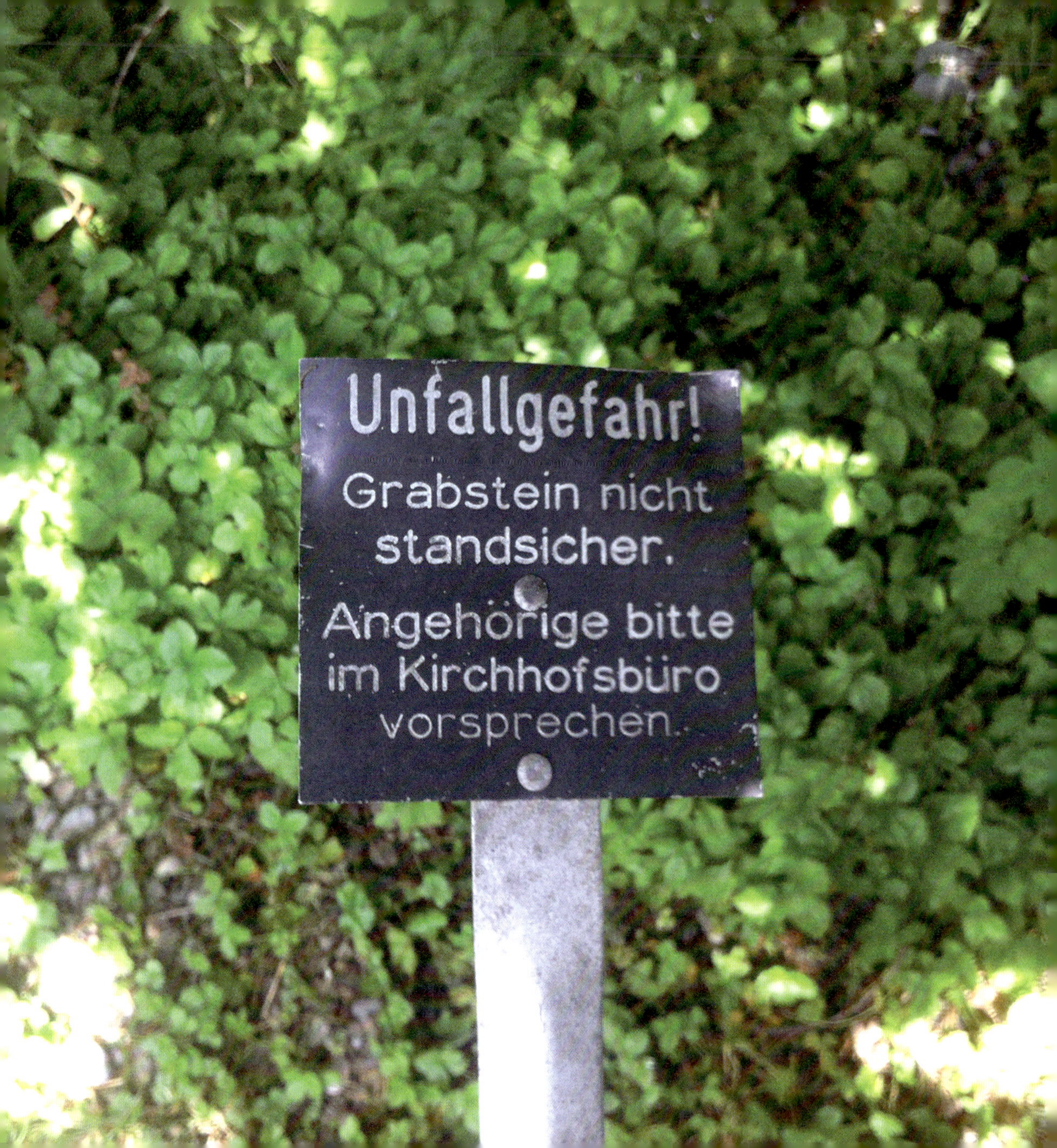
Unfallgefahr!
Grabstein nicht
standsicher.
Angehörige bitte
im Kirchhofsbüro
vorsprechen.

Auf dem Grünstreifen am Autobahnzubringer weiden Kühe.
Eng zusammengedrängt zwischen Leitplanke und Lärmschutzwall.
Was für ein seltsam berührendes Bild.
Mir fällt ein: Bei Kühen kann es eine kleine fünfte Zitze geben,
durch welche allerdings keine Milch fließt; man nennt sie »Marienzitze«.
Was für ein seltsam berührendes Wort.

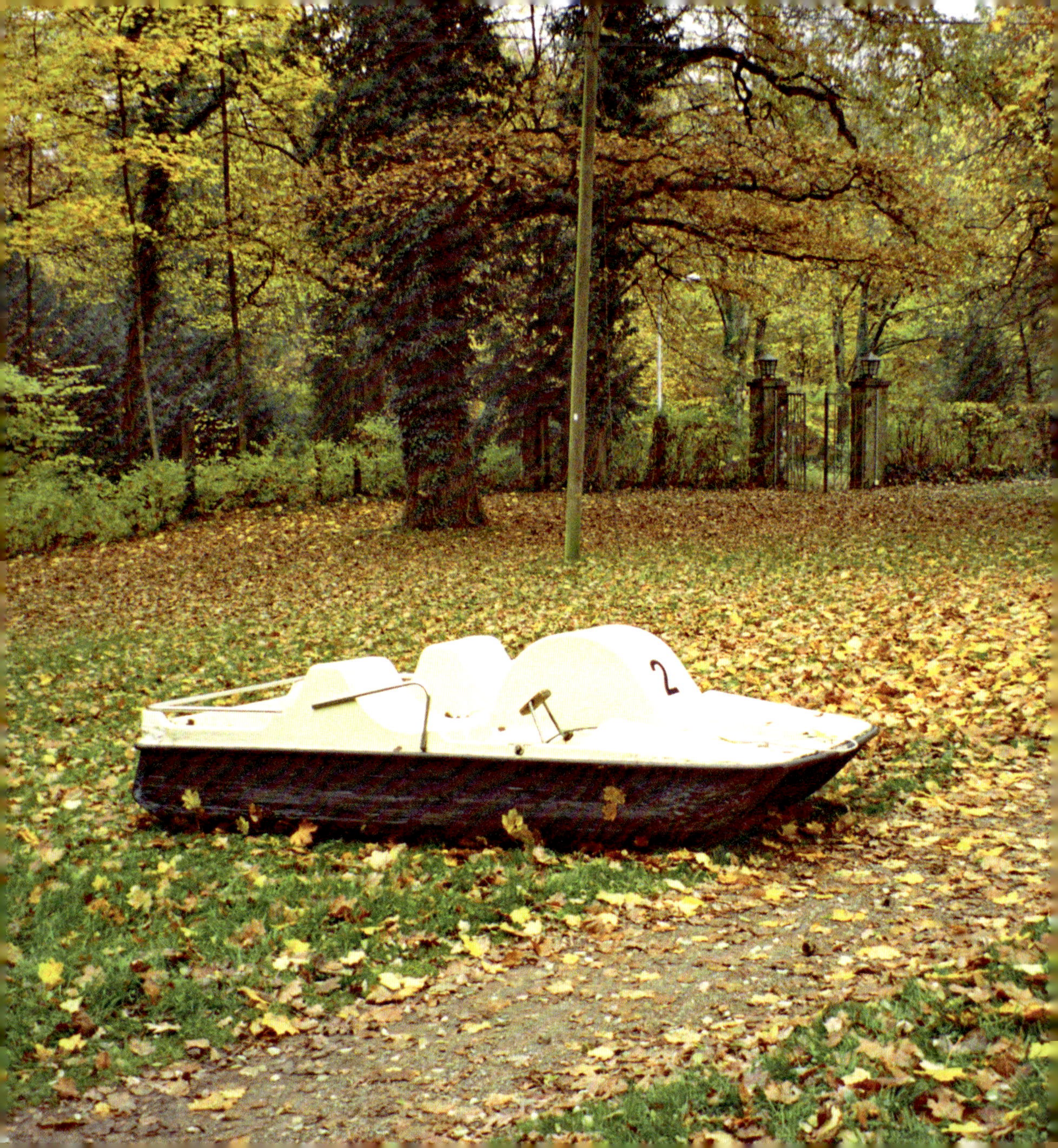

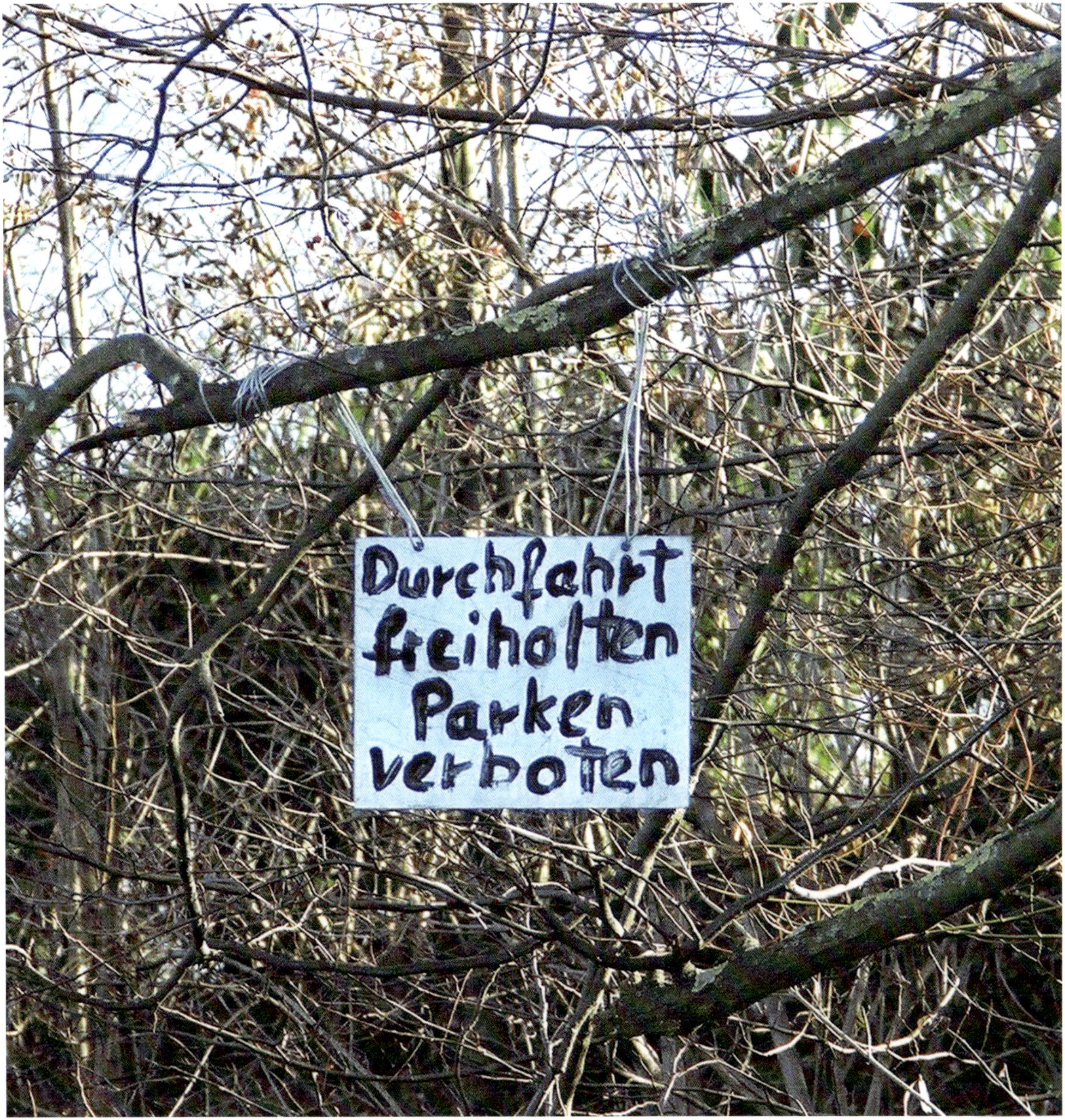
Durchfahrt
freihalten
Parken
verboten

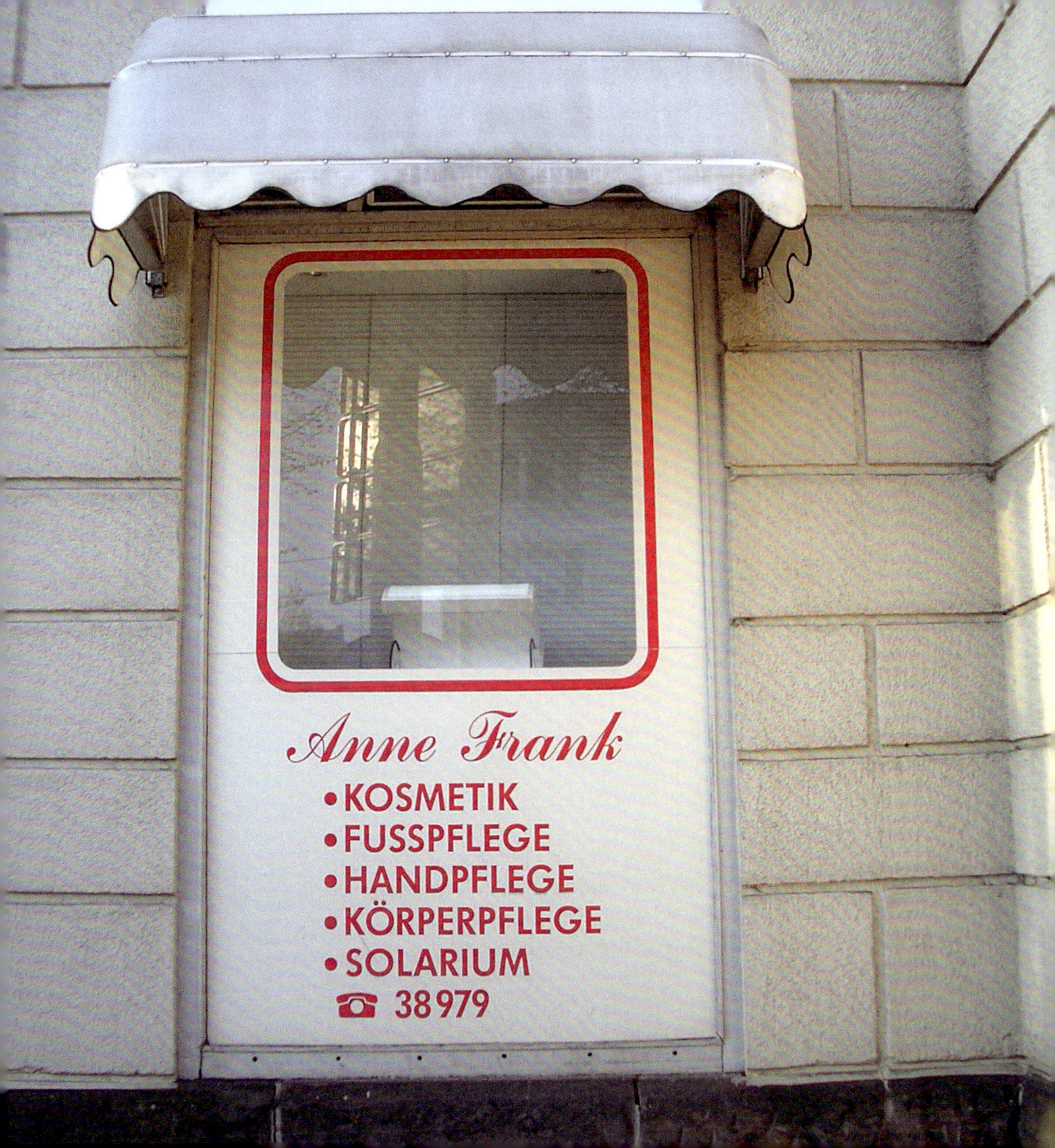
Anne Frank
• KOSMETIK
• FUSSPFLEGE
• HANDPFLEGE
• KÖRPERPFLEGE
• SOLARIUM
38979

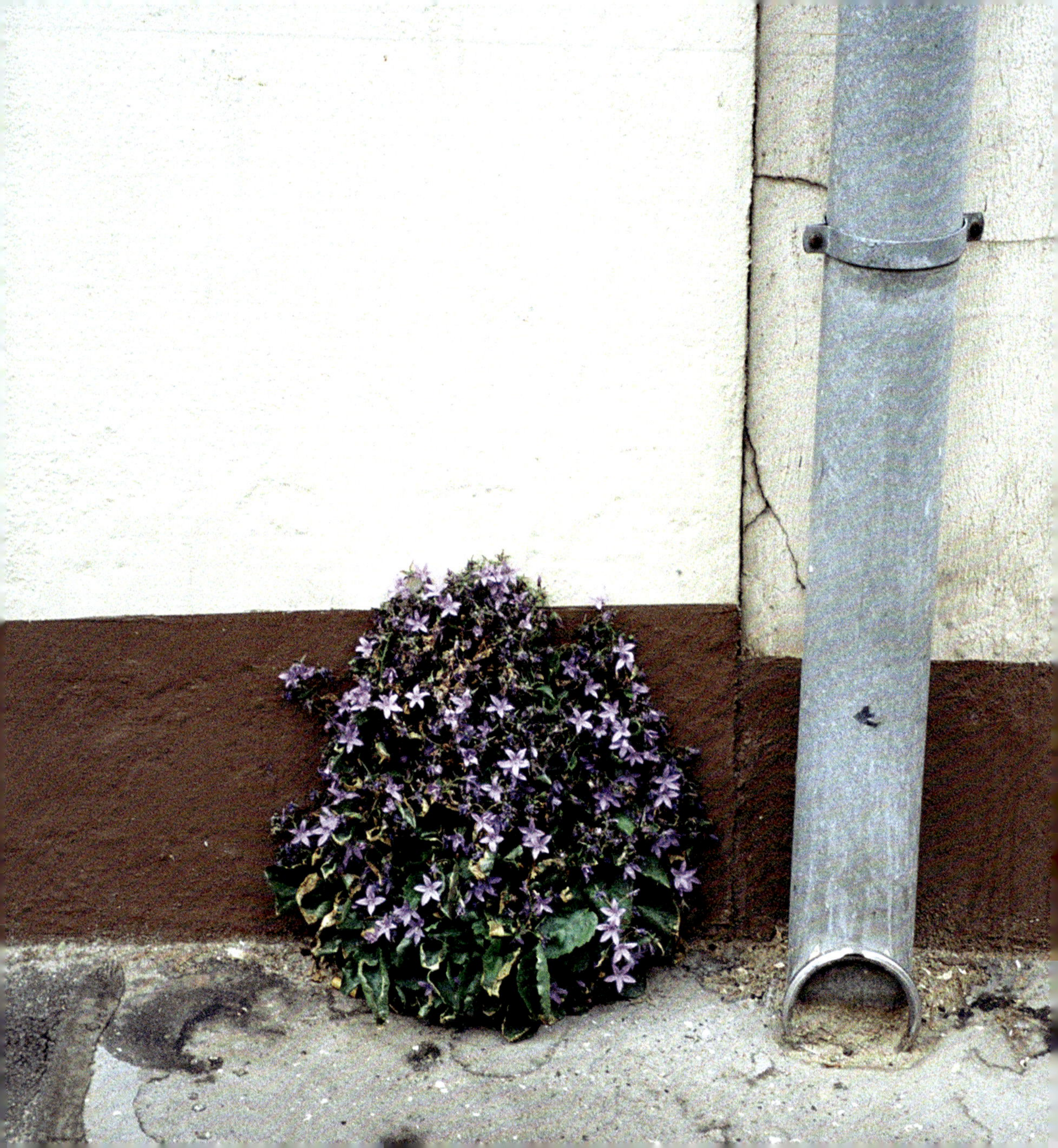

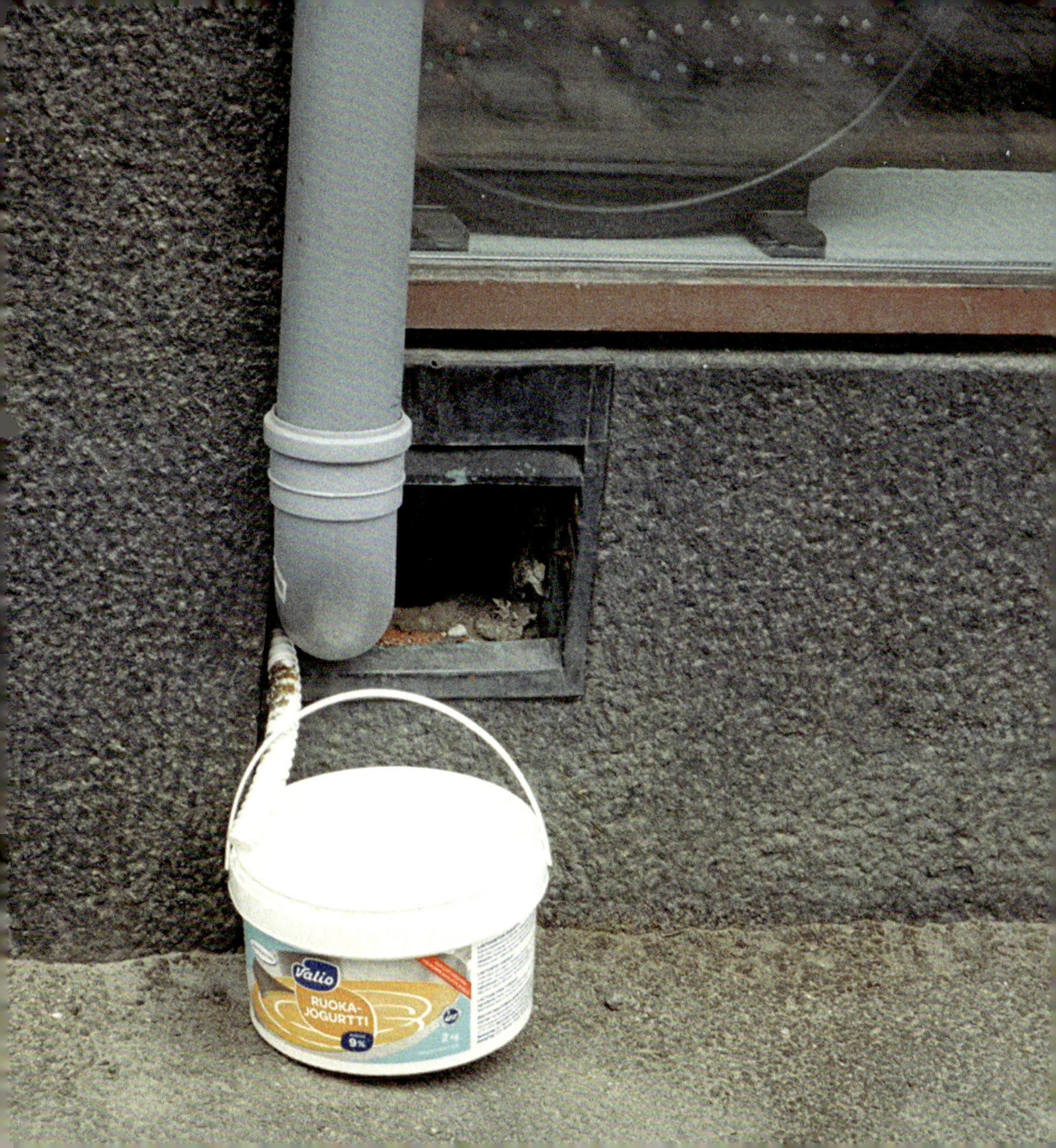
Valio
RUOKA-
JOGURTTI
9%

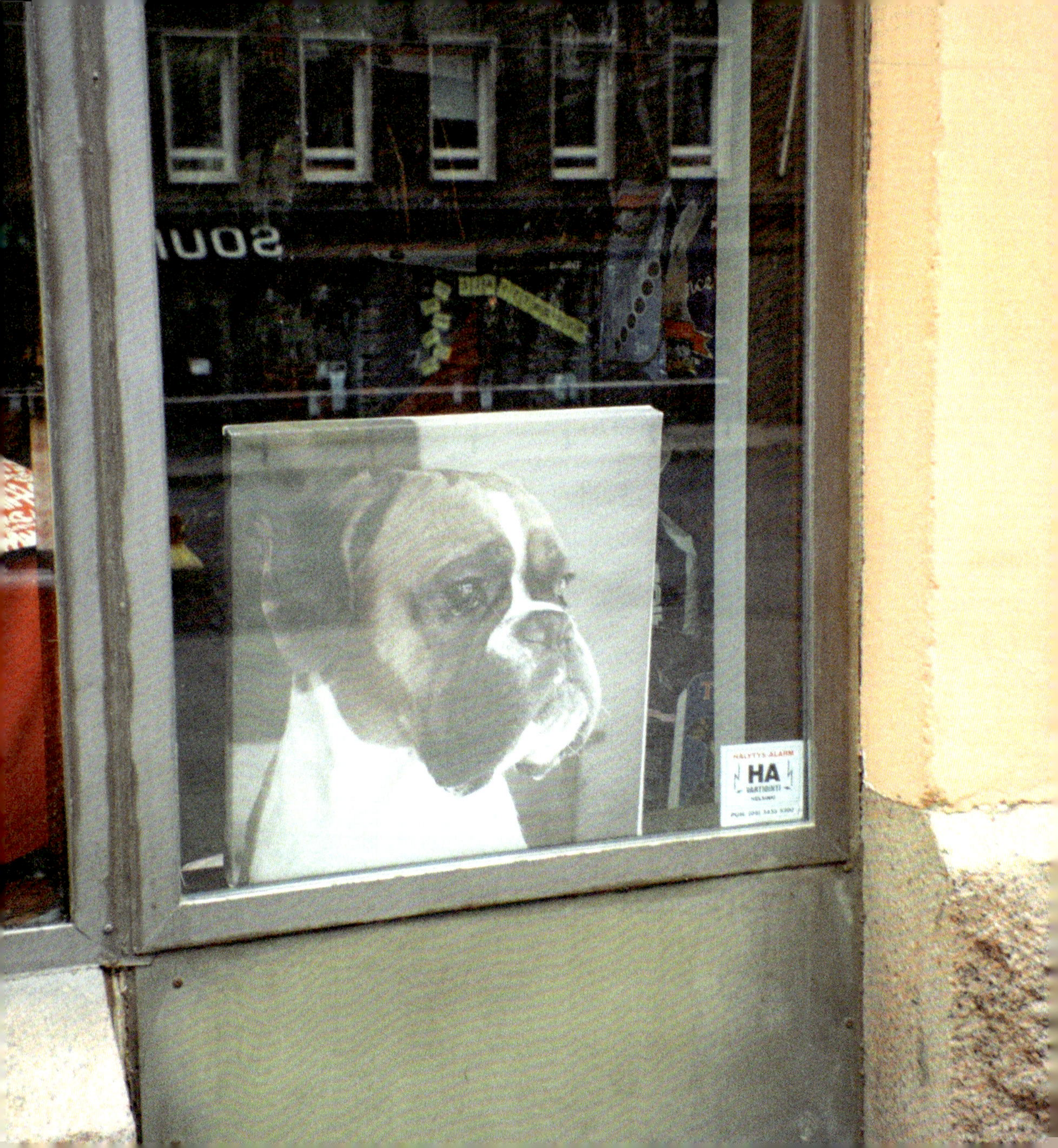
HA

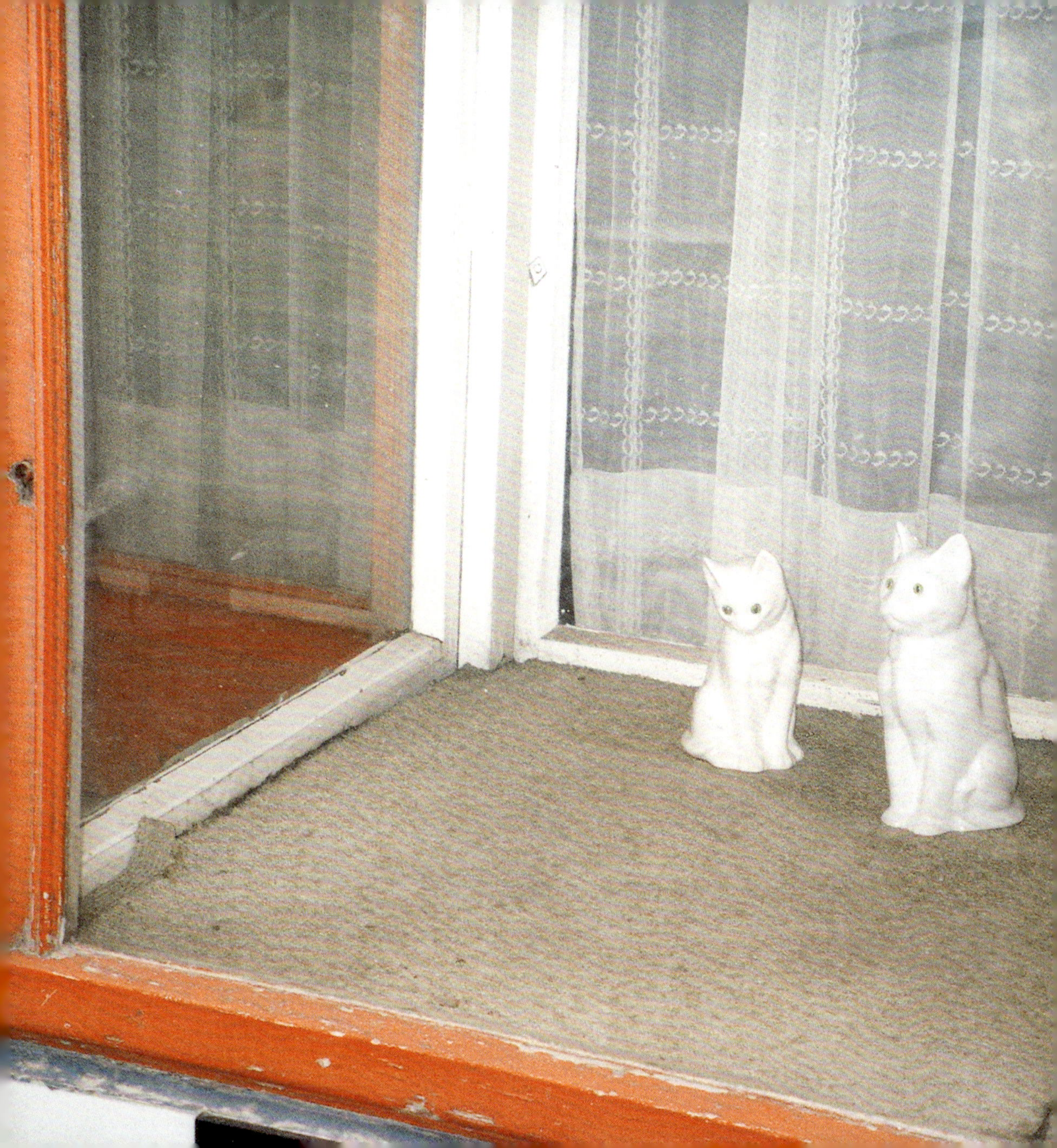

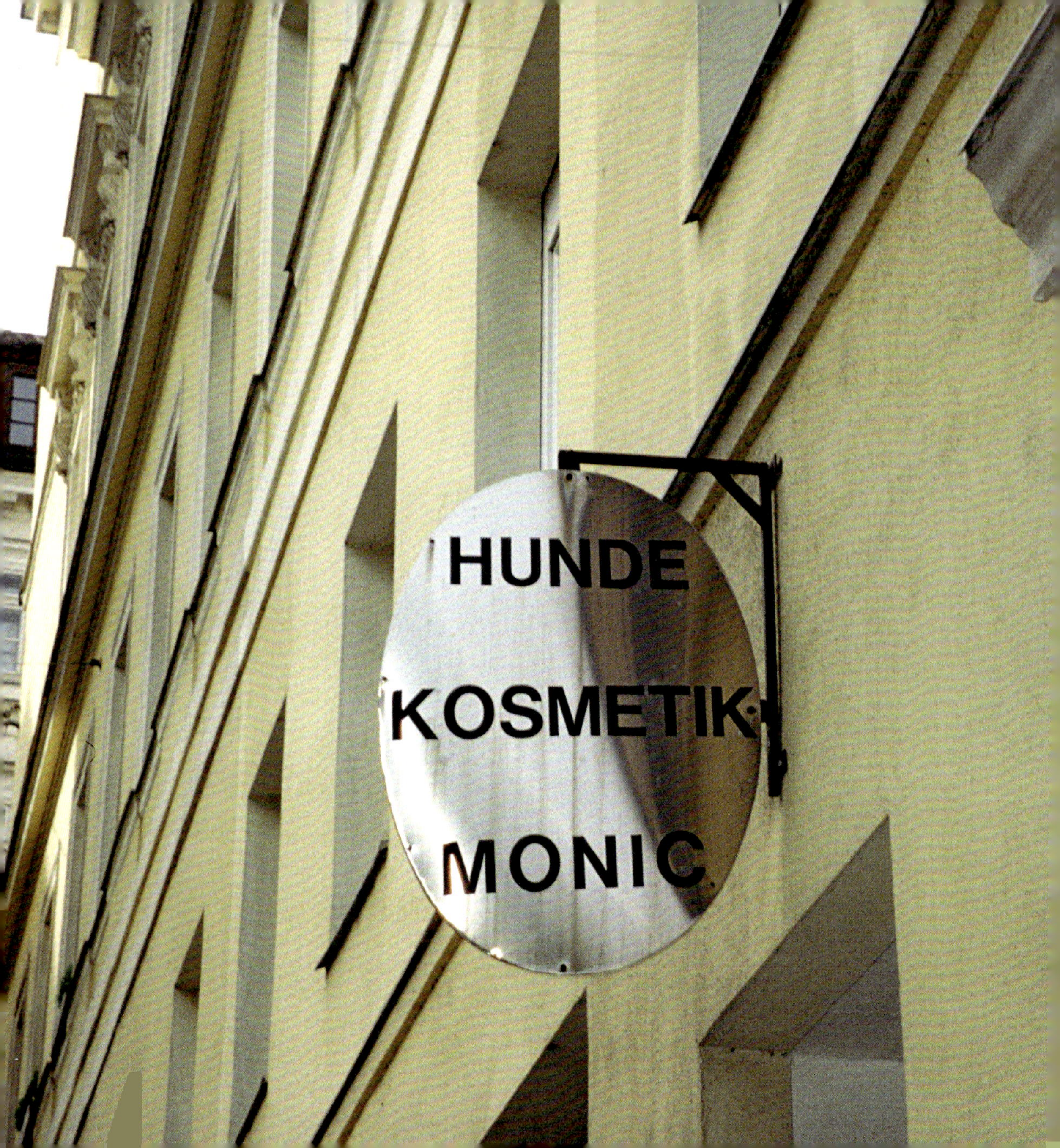
HUNDE
KOSMETIK
MONIC

Ich will mehr Schönes in der Welt.
Wie das Ehepaar an der Autobahnraststätte, das seinem Hund das Stöckchen immer wieder auf die Fahrbahn wirft.
Und der Hund bringt es immer wieder zurück. Schön!

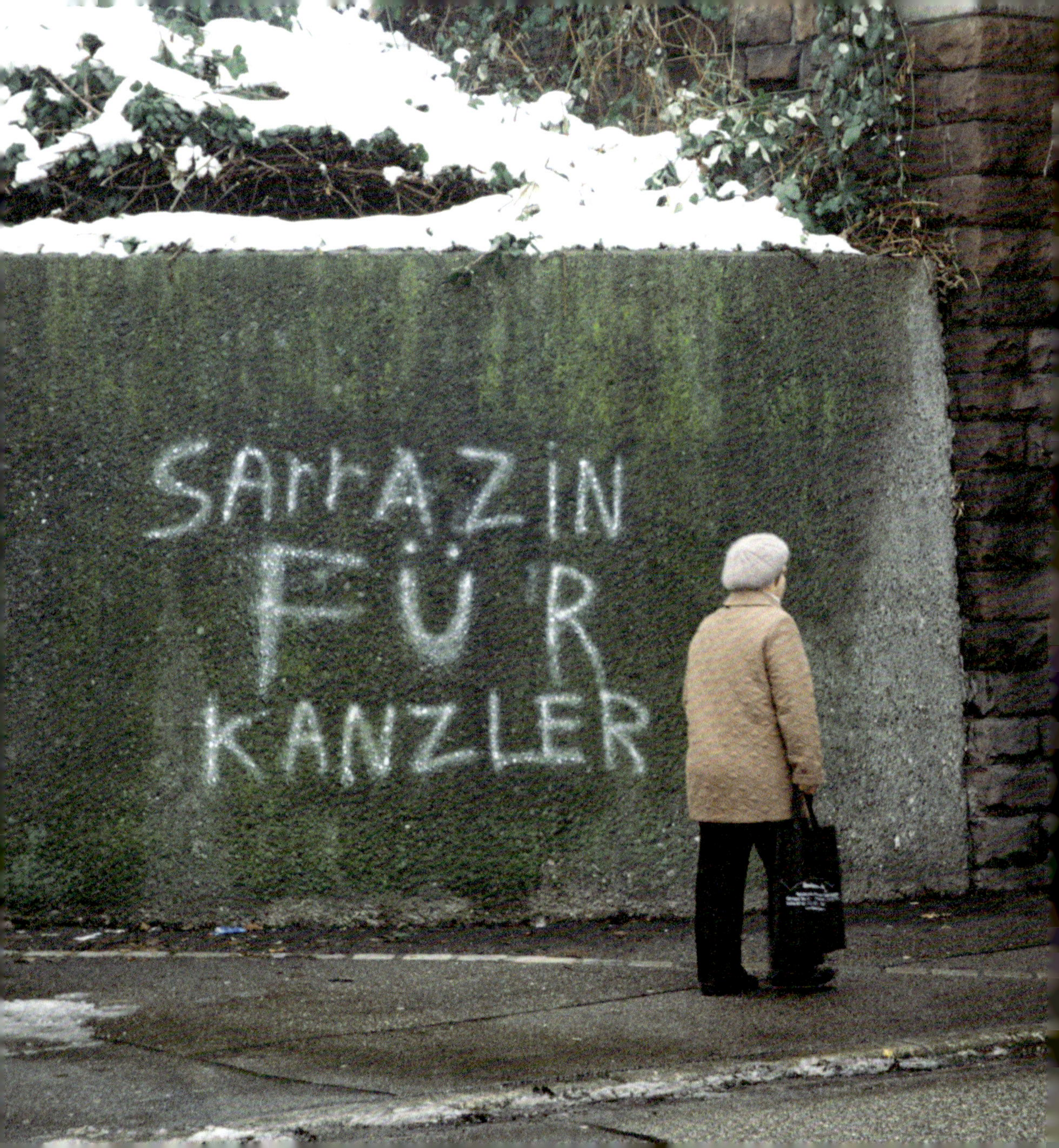
SarrAZIN
FÜR
KANZLER

Auch schön:
Die Geschichte des alten Mannes, der seine Katze bei minus 20 Grad vor die Tür jagte und dann die Katzenklappe zunagelte. Am nächsten Tag war ein Zettel an der Katzenklappe. Auf dem Zettel stand: »Im Gegensatz zu dir habe ich noch acht Leben, du Arschloch.«

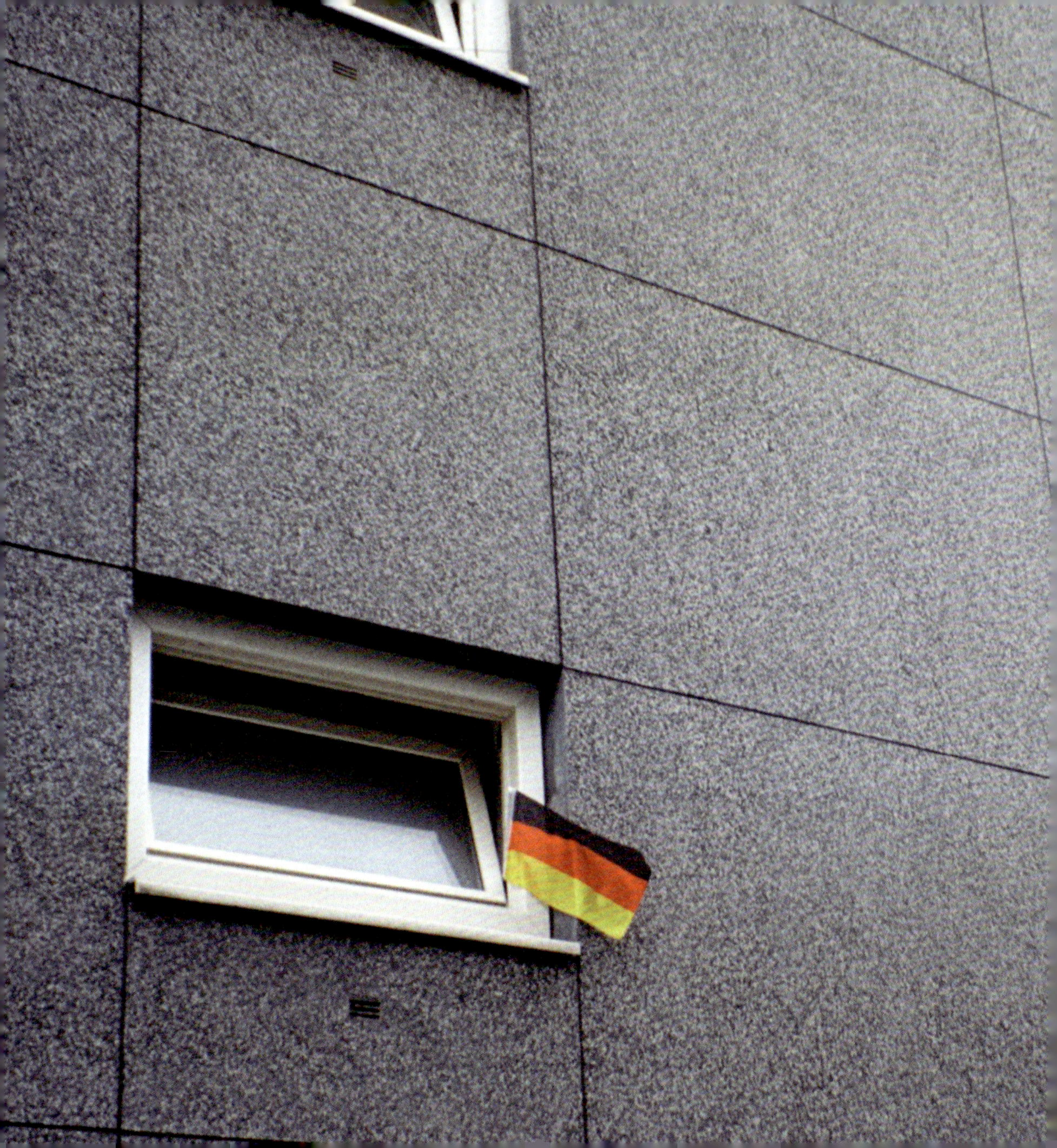

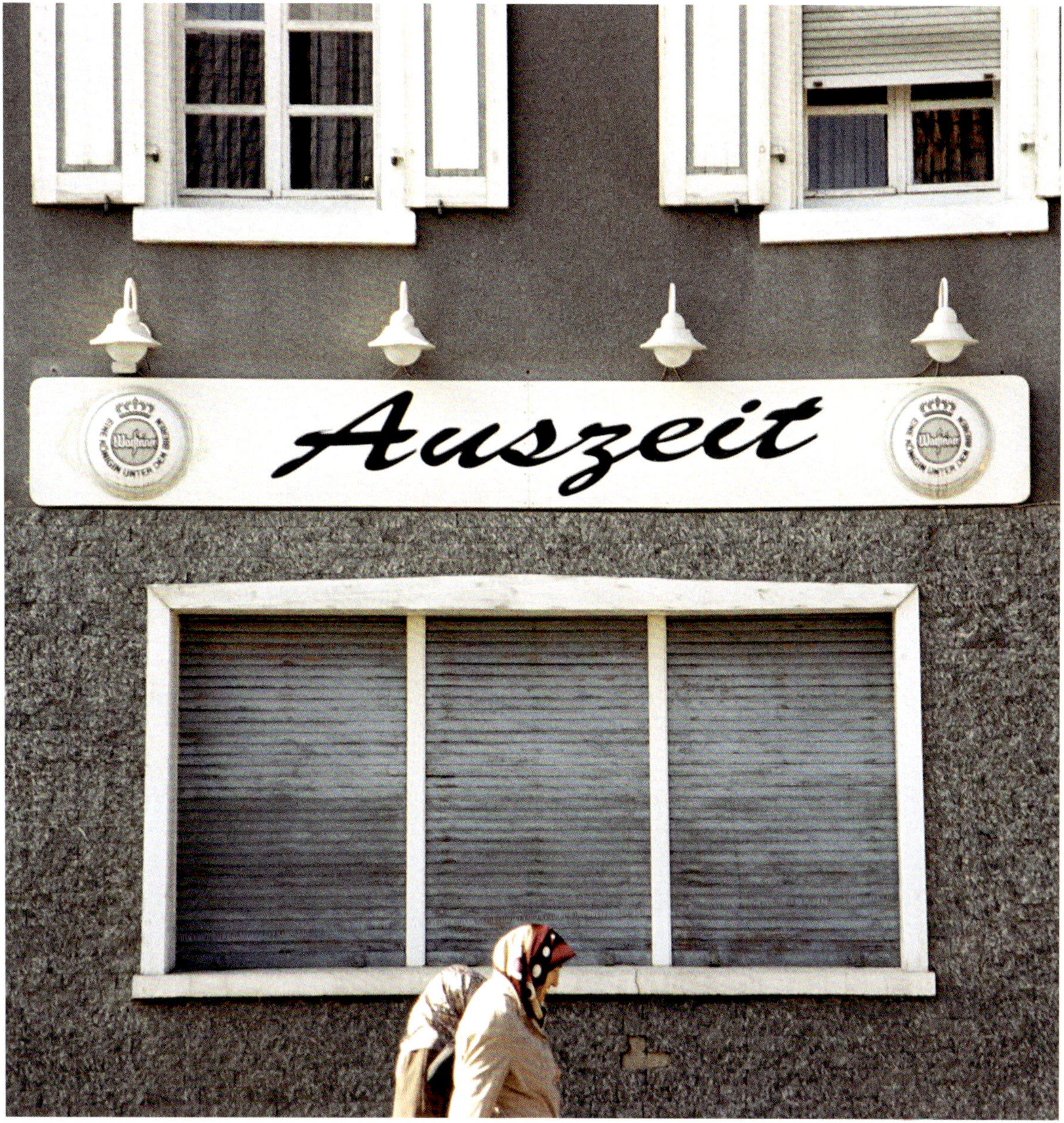
Auszeit

Noch eine Anmerkung zum öffentlichen Fußballgenuss.
Im immer wieder aufs Neue beschworenen nationalen Sommermärchen beschließe ich, dass ich – wenn es dereinst so weit sein wird – verbrannt werden will. Vor der Verbrennung möchte ich allerdings wiedergeboren werden: als Deutschlandfähnchen.

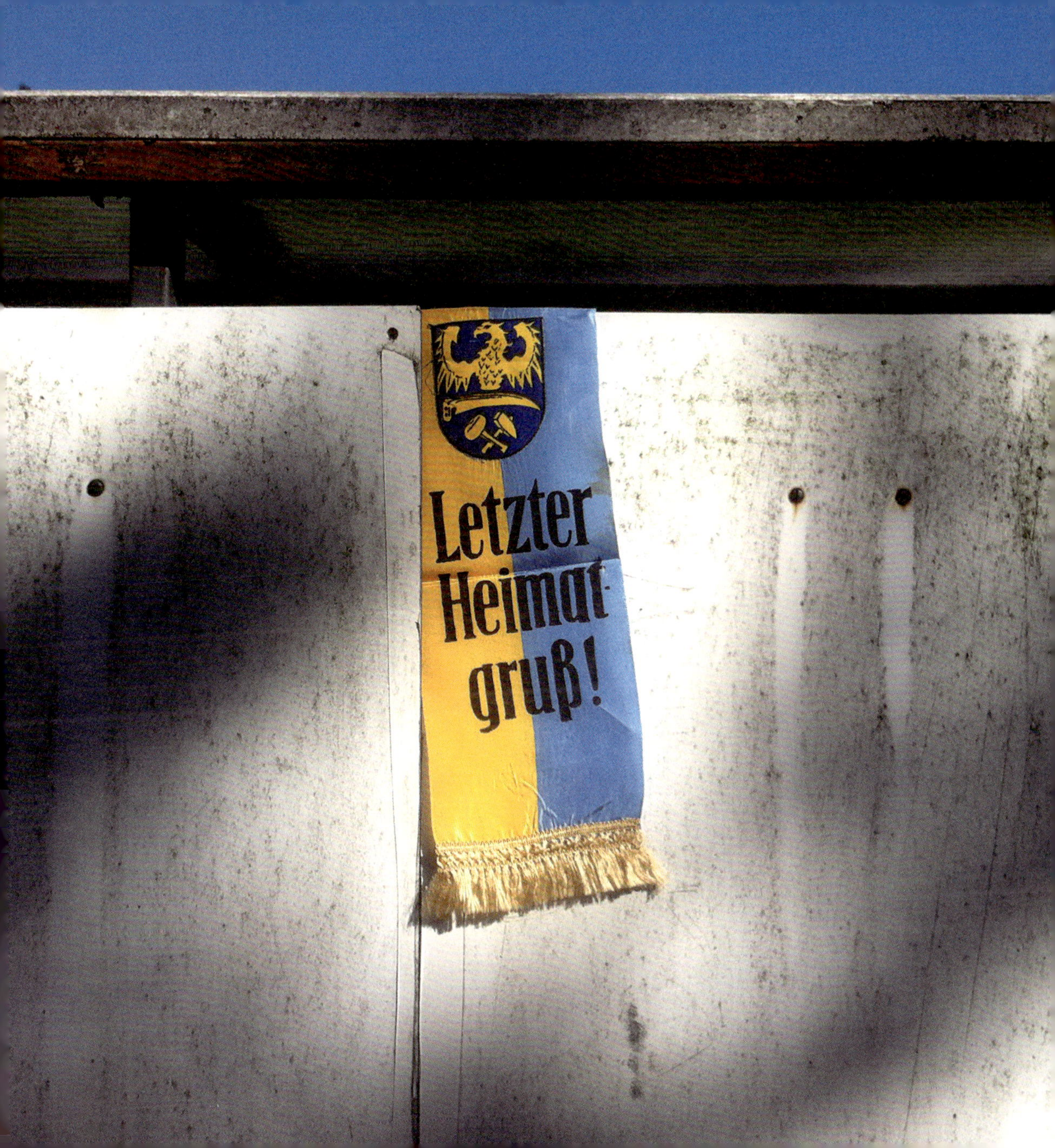
Letzter
Heimat-
gruß!

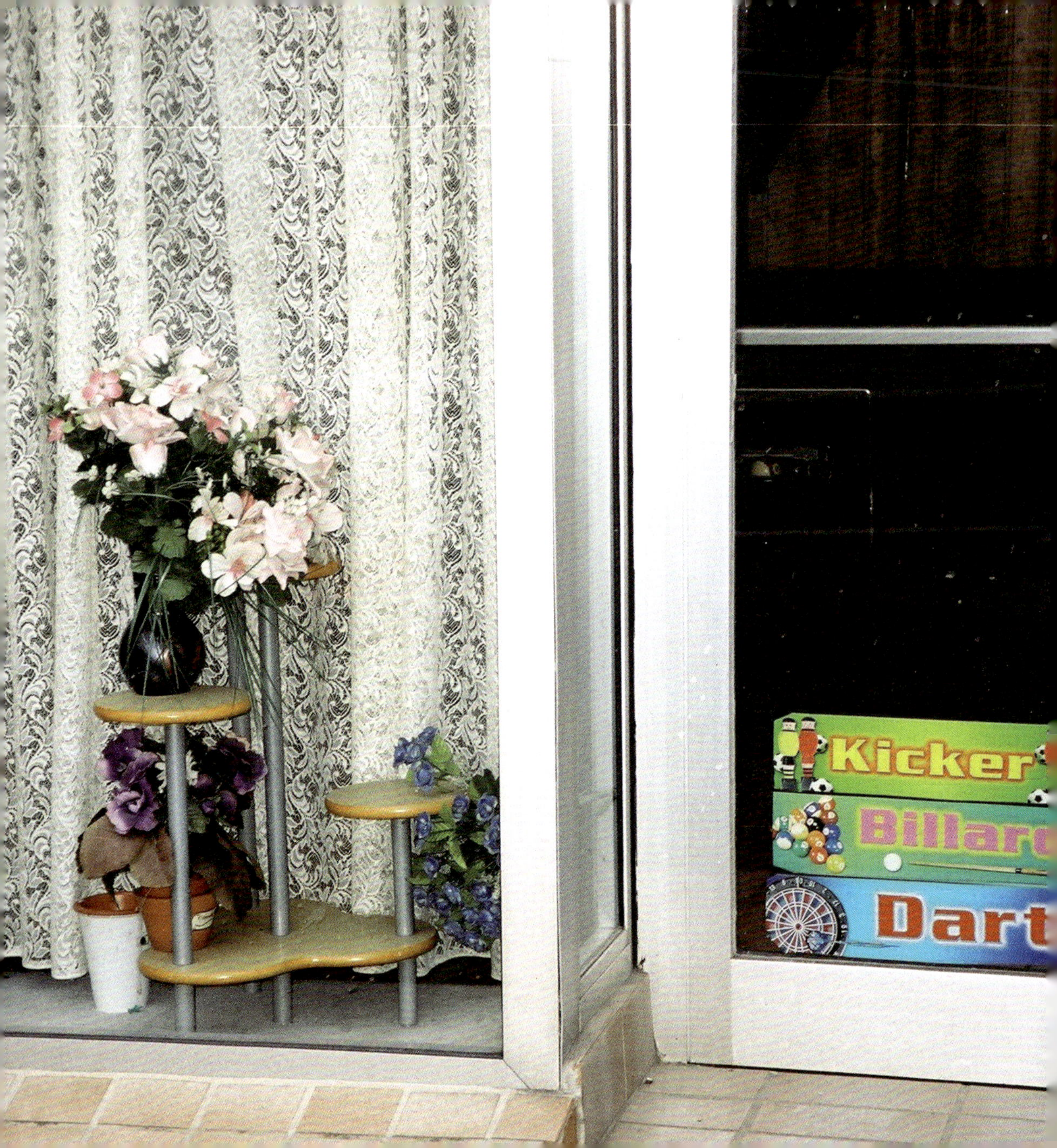
Kicker
Billard
Dart

An einem unwahrscheinlichen Ort am Stadtrand treffe ich
zufällig einen Bekannten, der mir schon länger Geld schuldet.
Er sagt, er habe meine Bankverbindung nicht mehr.
Ich gebe ihm die Kontonummer der GEZ.
Sollen doch die das Geld nicht kriegen.

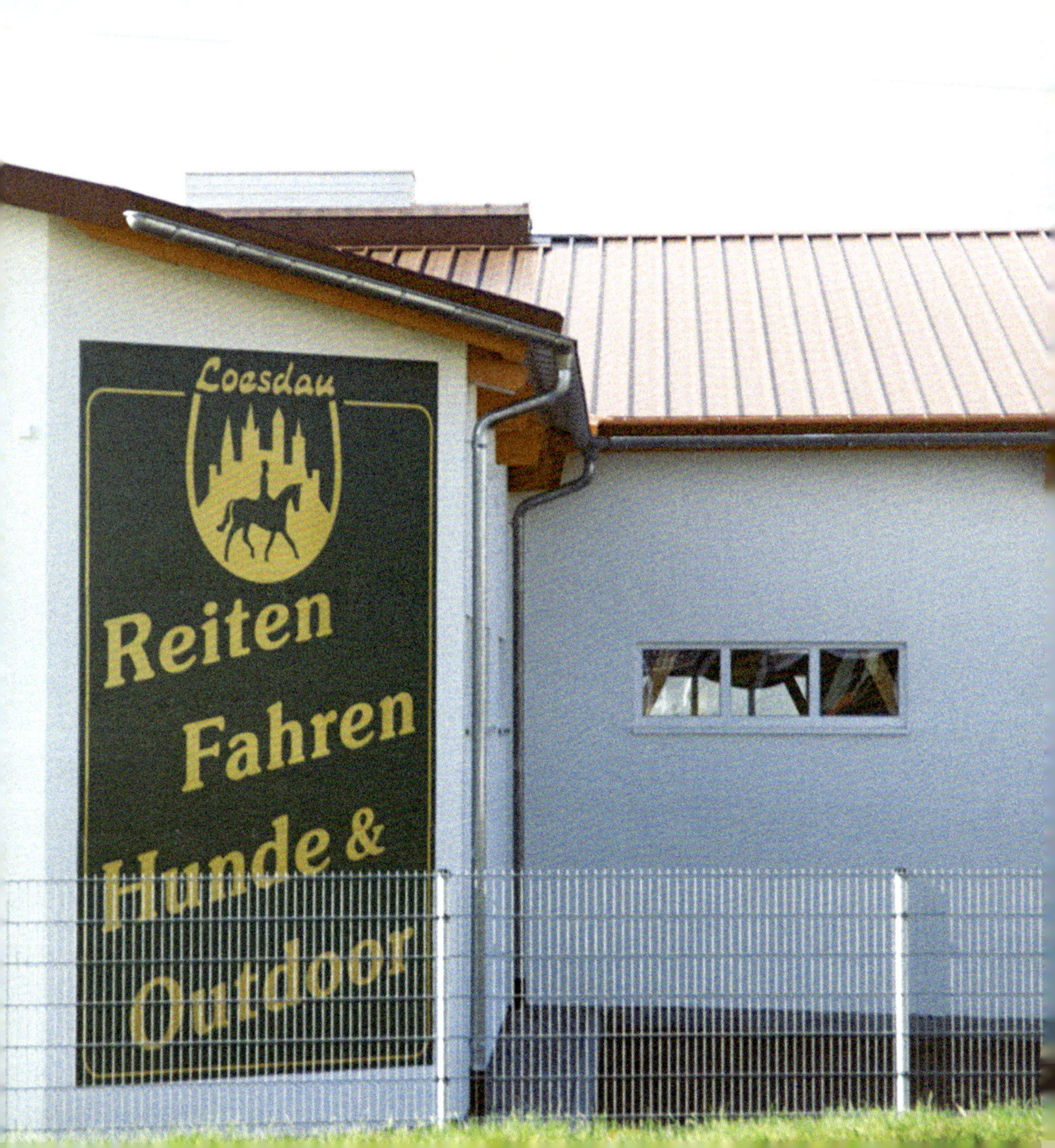
Loesdau
Reiten
Fahren
Hunde &
Outdoor

Im Autoradio erzählt ein professioneller Pferdezüchter, dass das Sperma von Hengsten um ein Vielfaches wertvoller sei als das von Männern. »Artgerechte Haltung« sei das Zauberwort und »viel frische Luft«. Mir fällt ein, dass das erfolgreichste Rennpferd aller Zeiten, »Seabiscuit«, auf dem Höhepunkt seiner Karriere im Jahre 1938 häufiger in den Zeitungen erwähnt wurde als Hitler oder Roosevelt. Letzterer soll damit ein Problem gehabt haben.

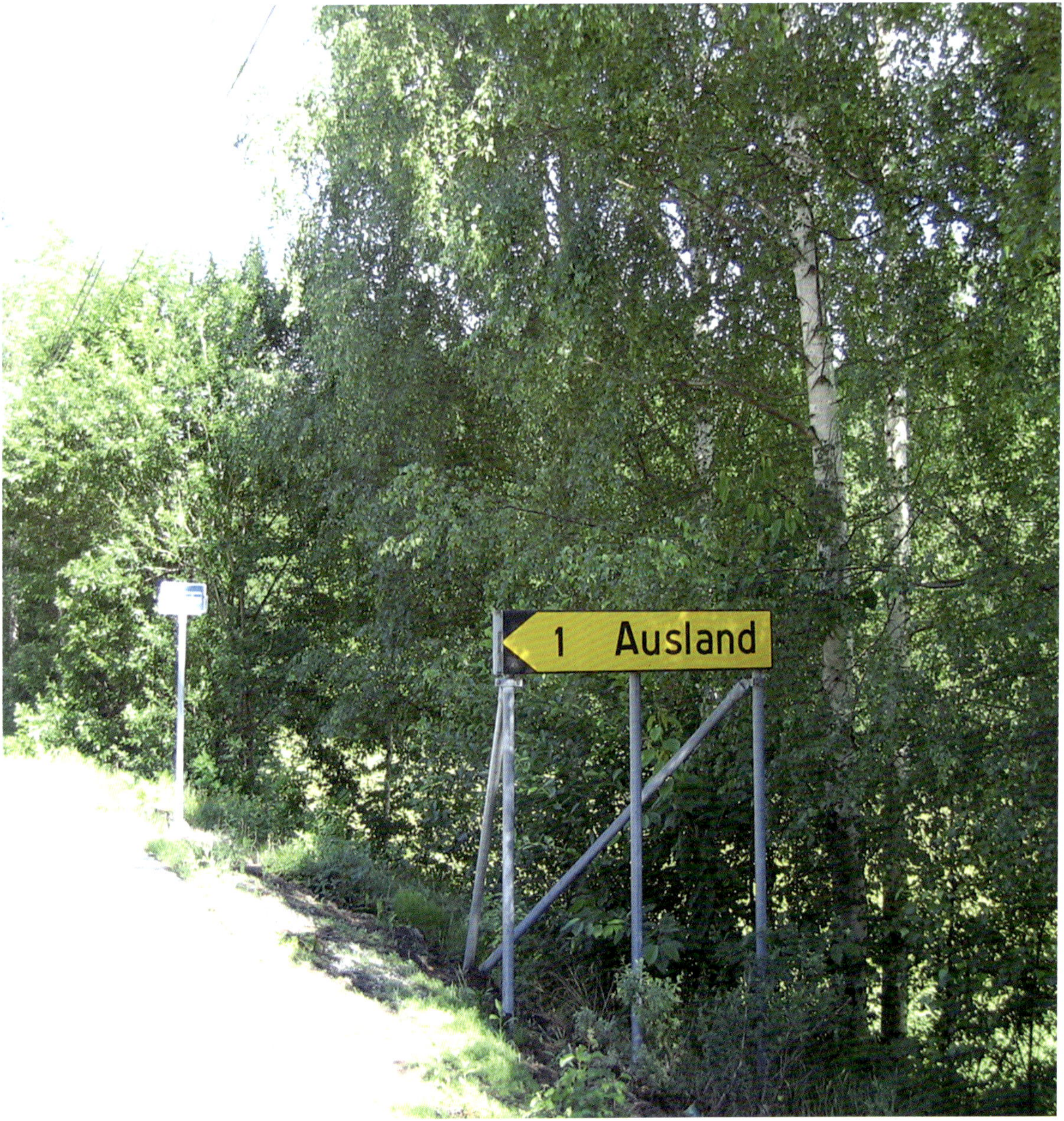
1 Ausland

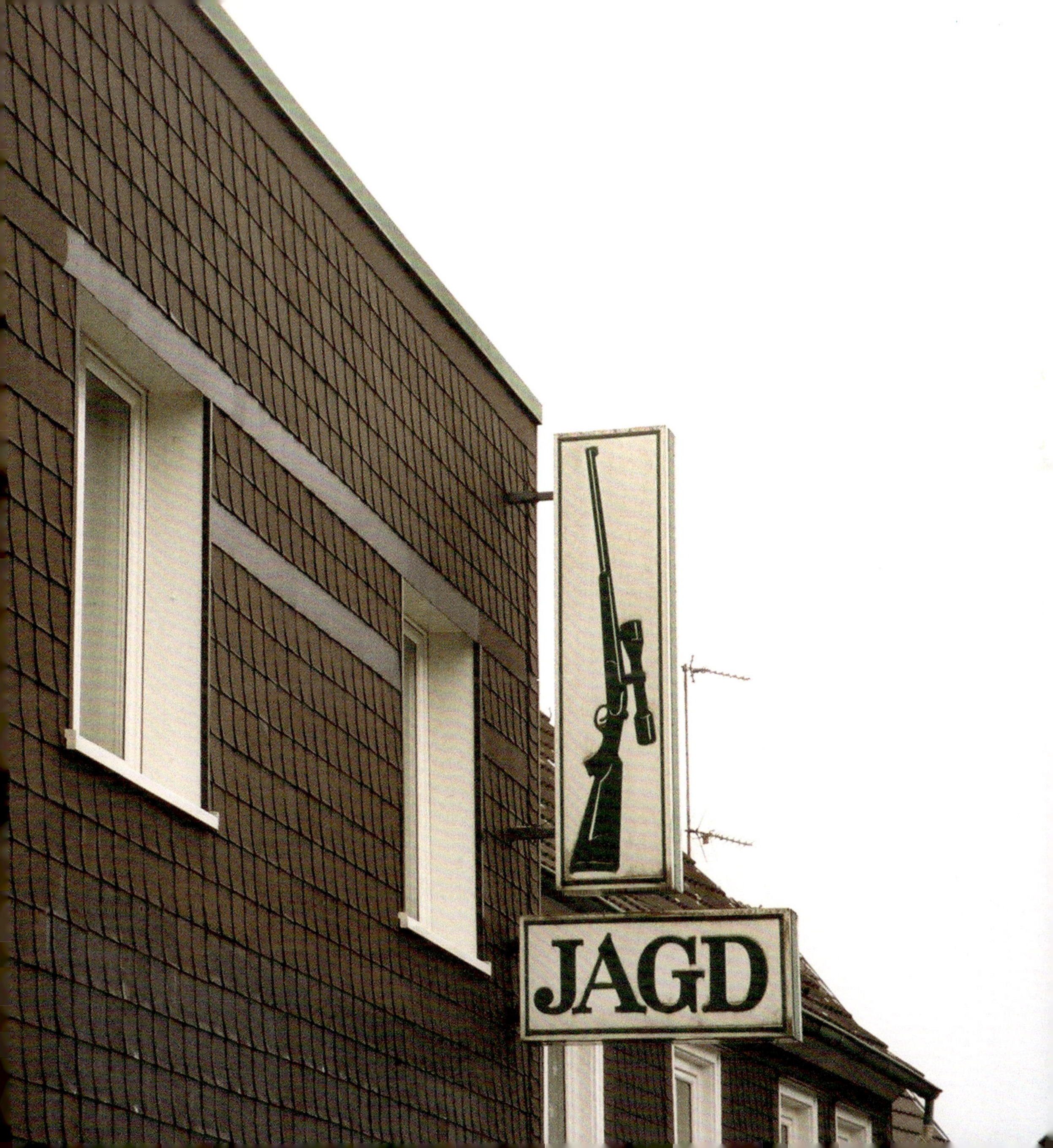
JAGD

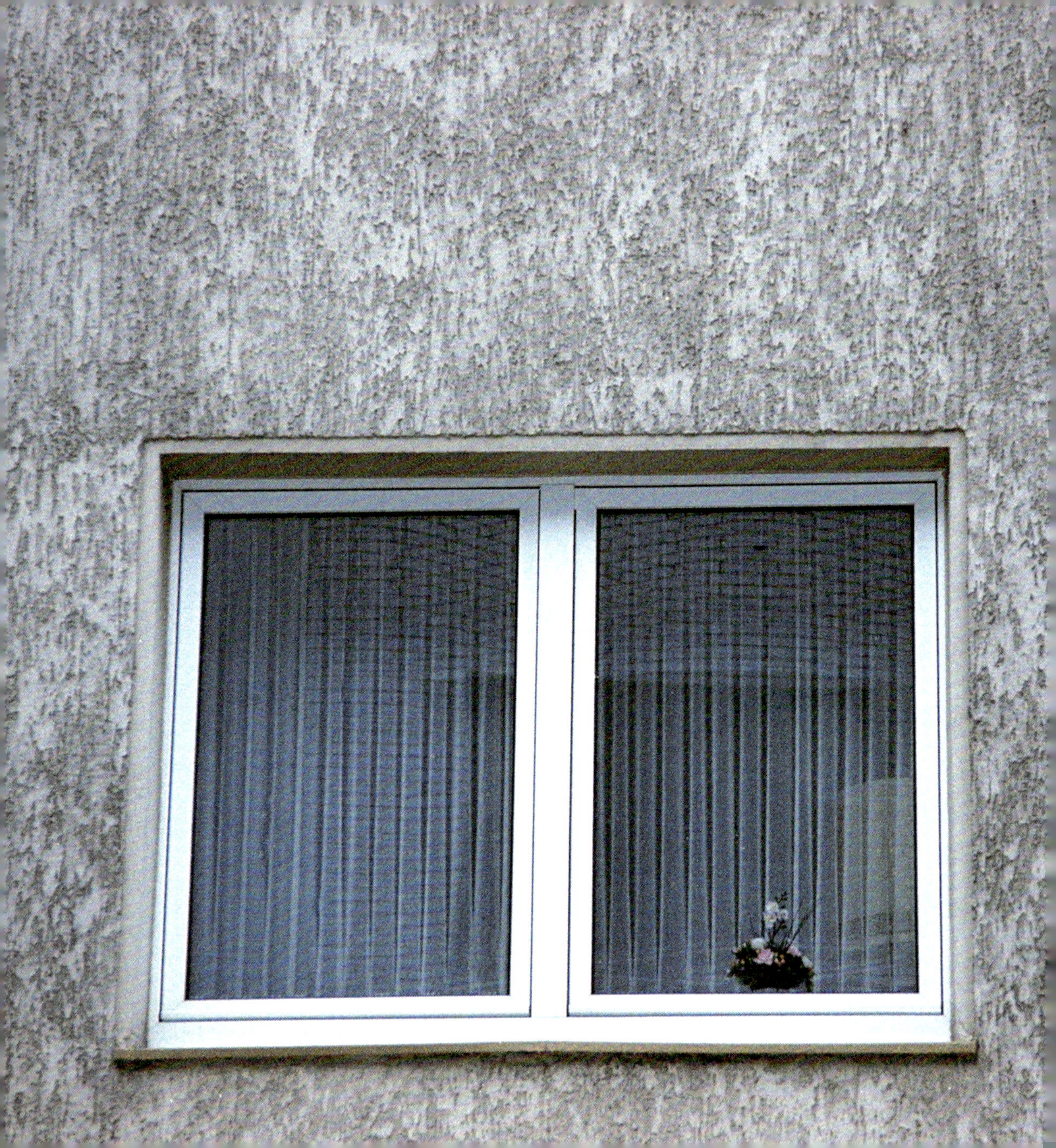

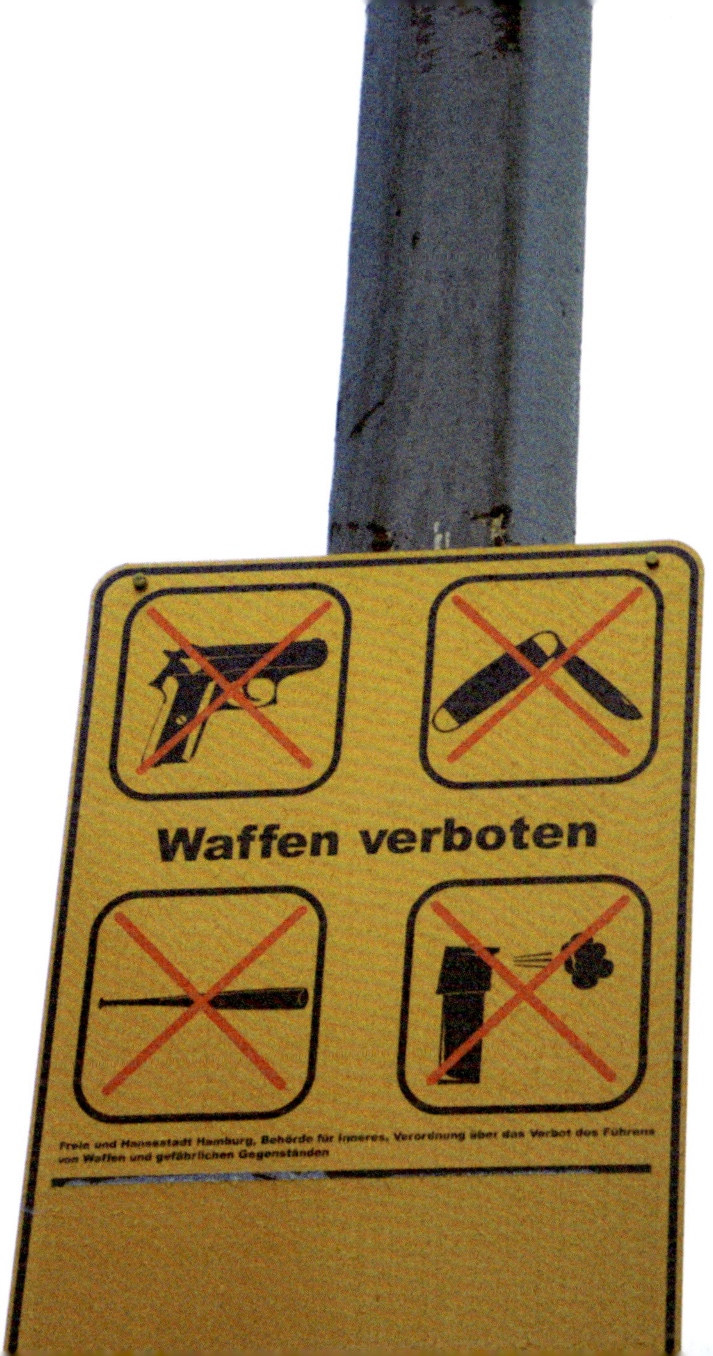
Waffen verboten
Freie und Hansestadt Hamburg, Behörde für Inneres, Verordnung über das Verbot des Führens von Waffen und gefährlichen Gegenständen

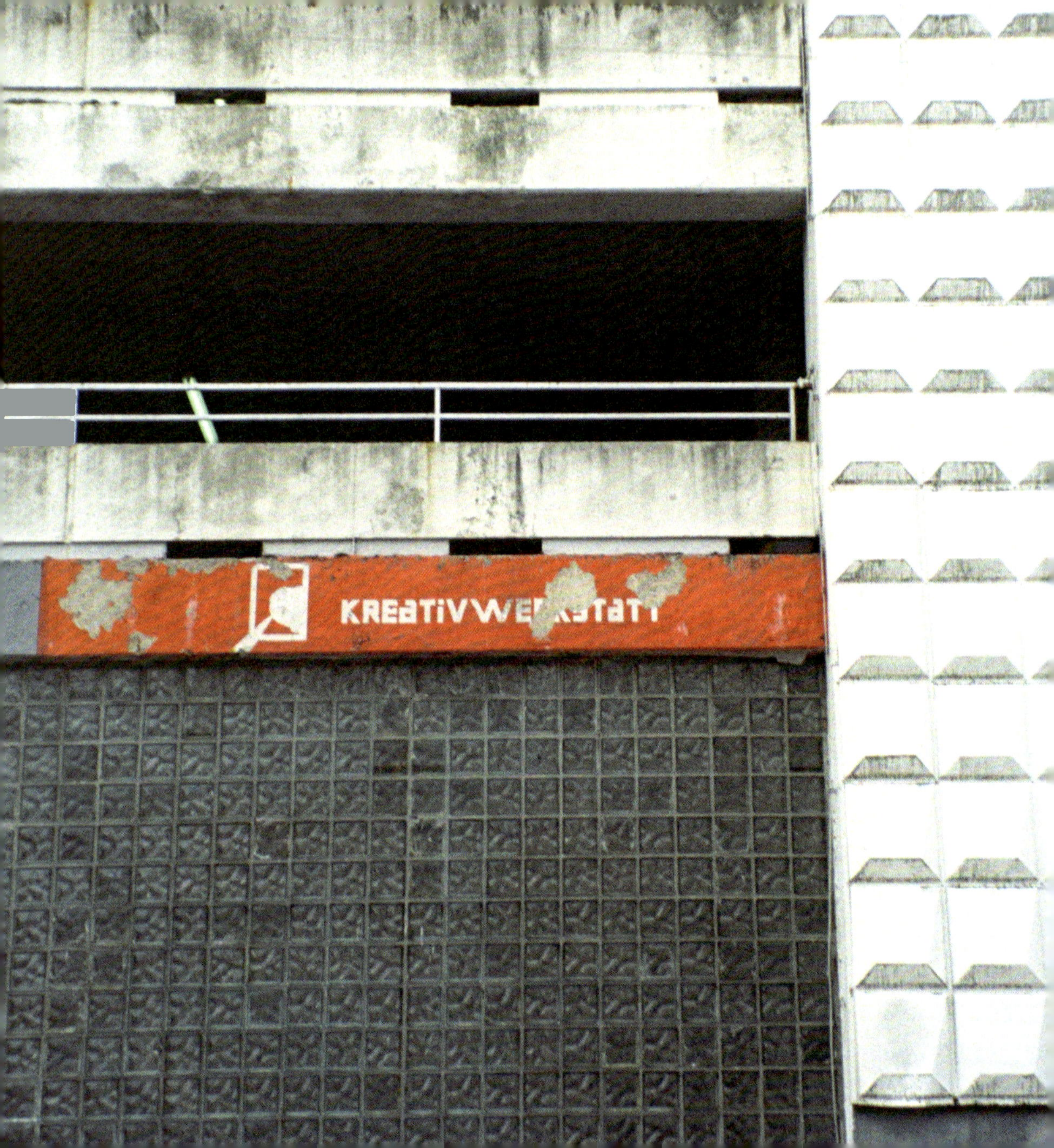

Mir fällt nichts ein.
Auf eine Zigarettenlänge verweile ich am Mahnmal
des unbekannten Fotografen. Dann weiter zum Bahnhof.
Morgen Leverkusen.

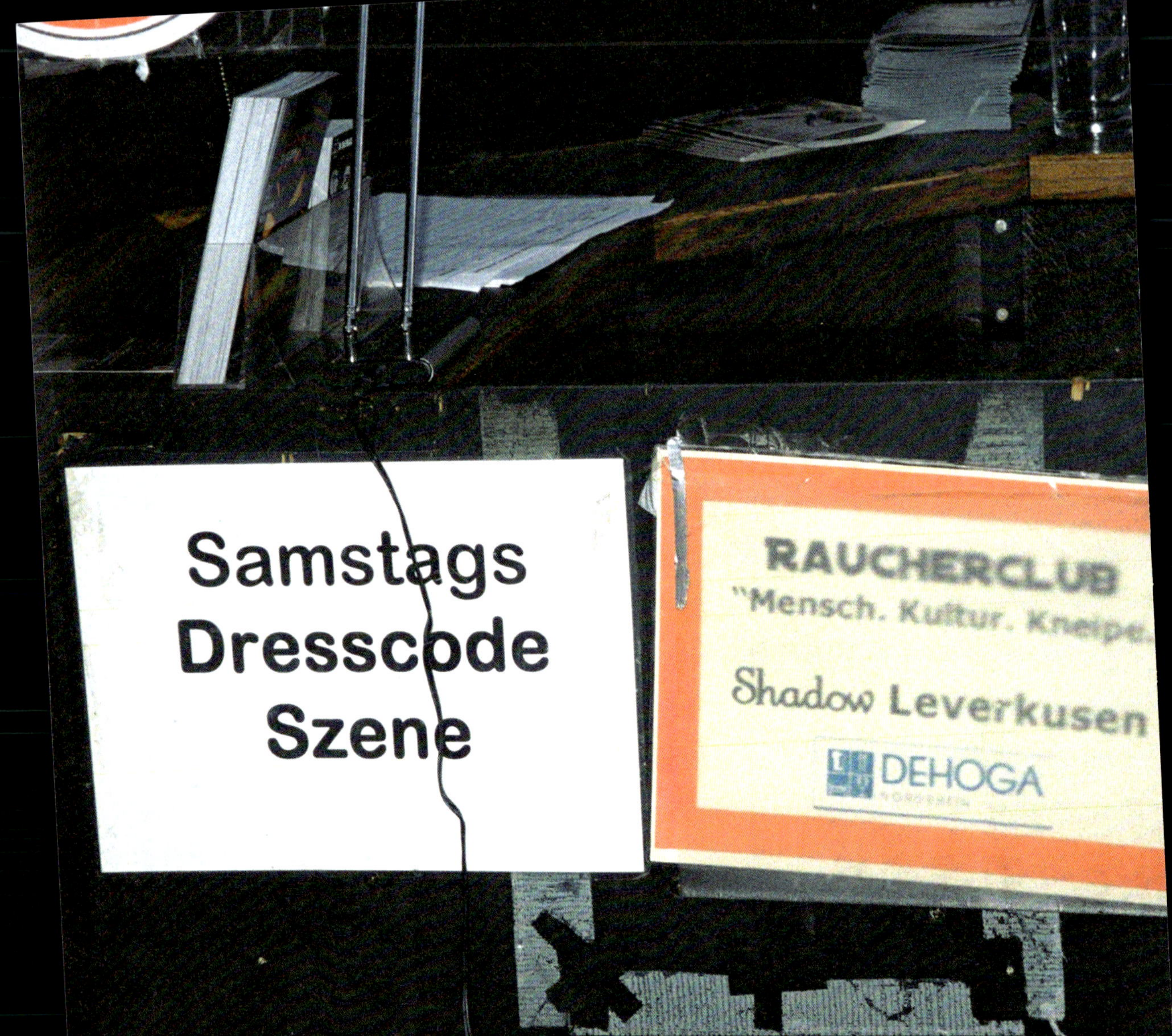
Samstags
Dresscode
Szene
RAUCHERCLUB
"Mensch. Kultur. Kneipe.
Shadow Leverkusen
DEHOGA

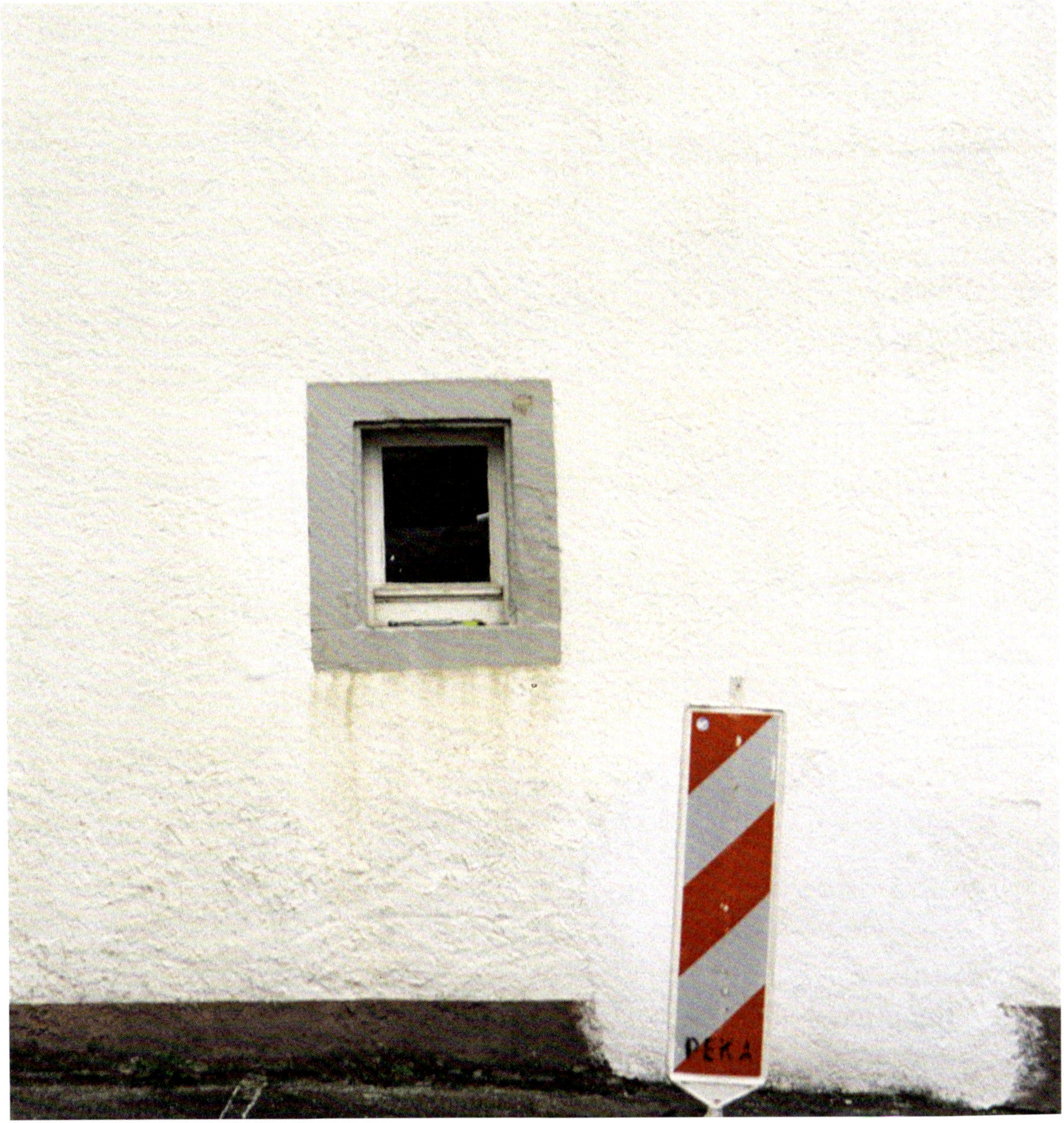
PEKA

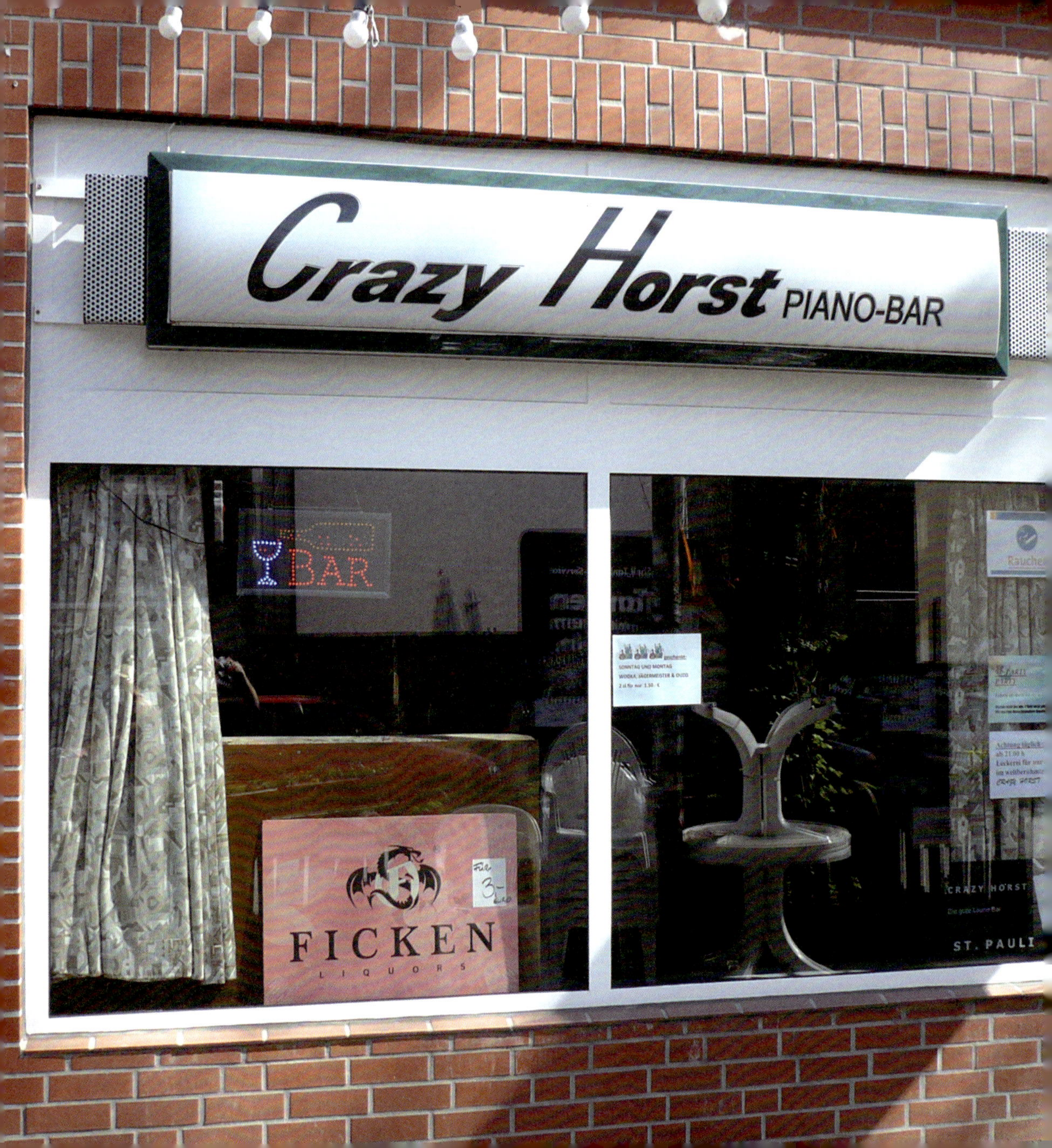
Crazy Horst PIANO-BAR
BAR
FICKEN
LIQUORS
CRAZY HORST
ST. PAULI

Vorstadt-Humor.
Am Eingang zum ALDI steht auf einer Werbetafel der Satz:
»Besuchen Sie auch unsere Tiefgarage.«

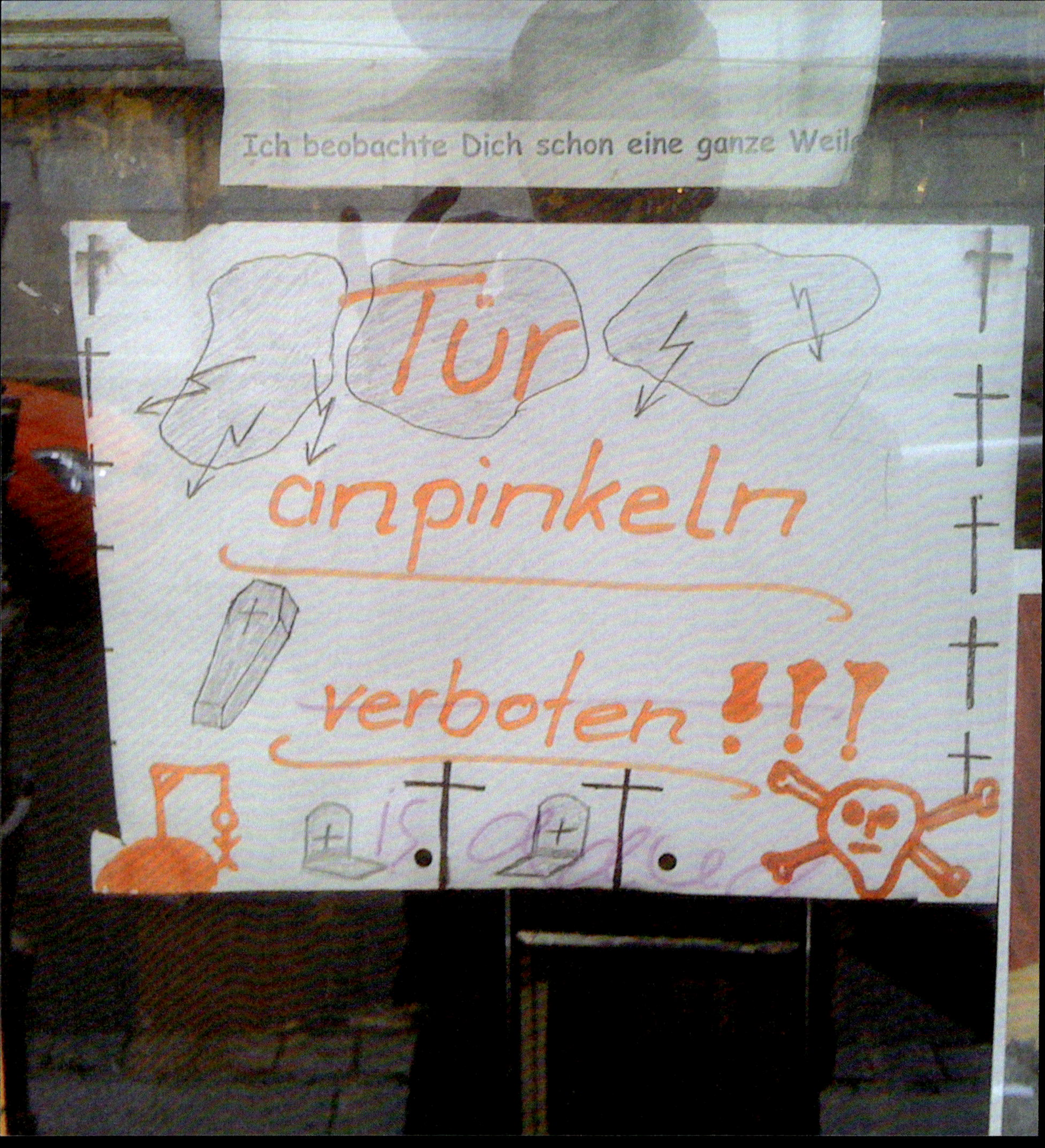
Ich beobachte Dich schon eine ganze Weil
Tür
anpinkeln
verboten!!!

Am Nebentisch in der Kneipe sind zwei Männer in eine heftige
Diskussion verstrickt. Der eine sagt nun schon das dritte Mal den Satz:
»Ach, scheiß doch die Wand an!«
Stelle mir vor, der andere würde das einfach machen.
Würde dem Gespräch eine andere Note geben.

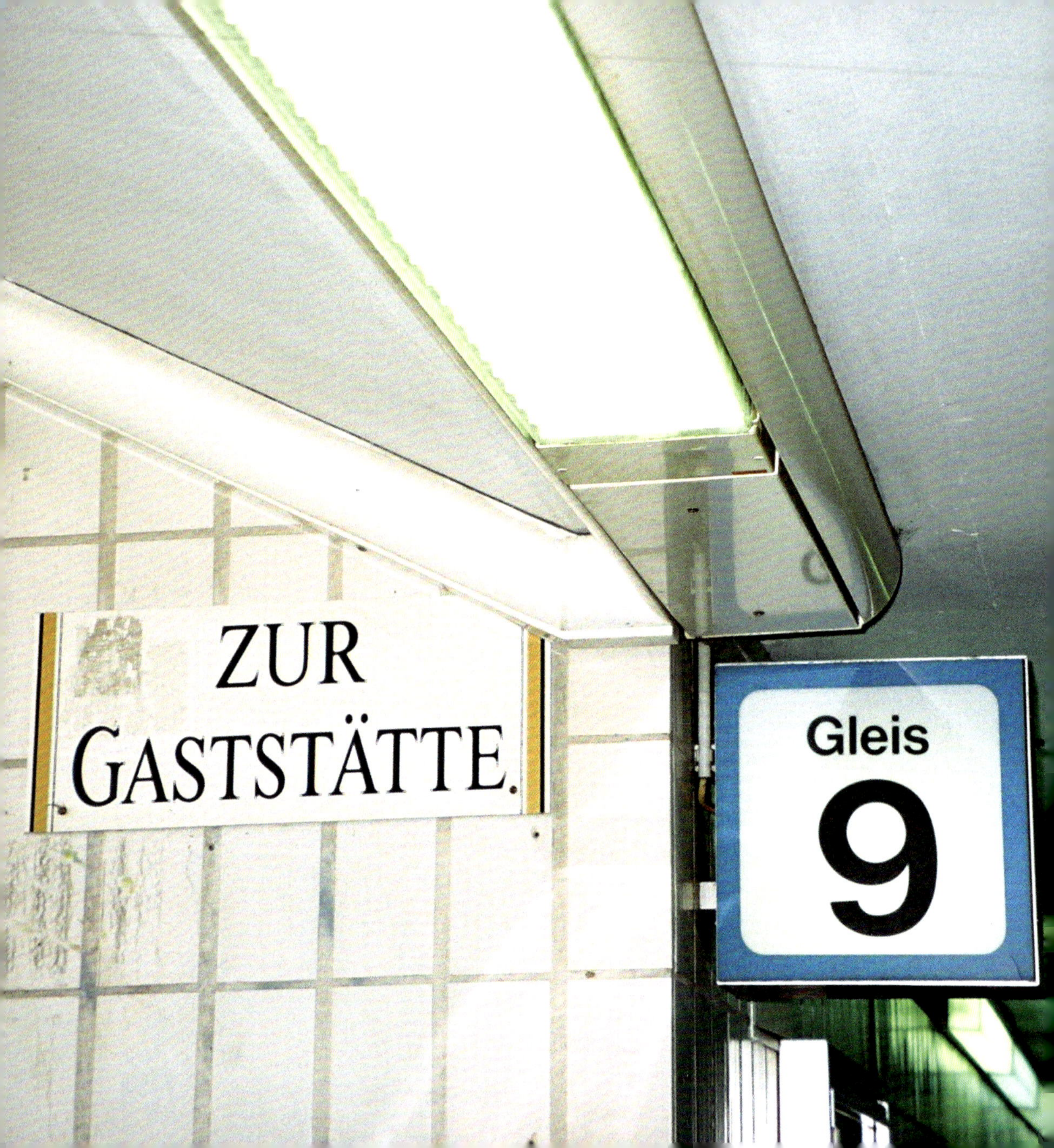
ZUR
GASTSTÄTTE
Gleis
9

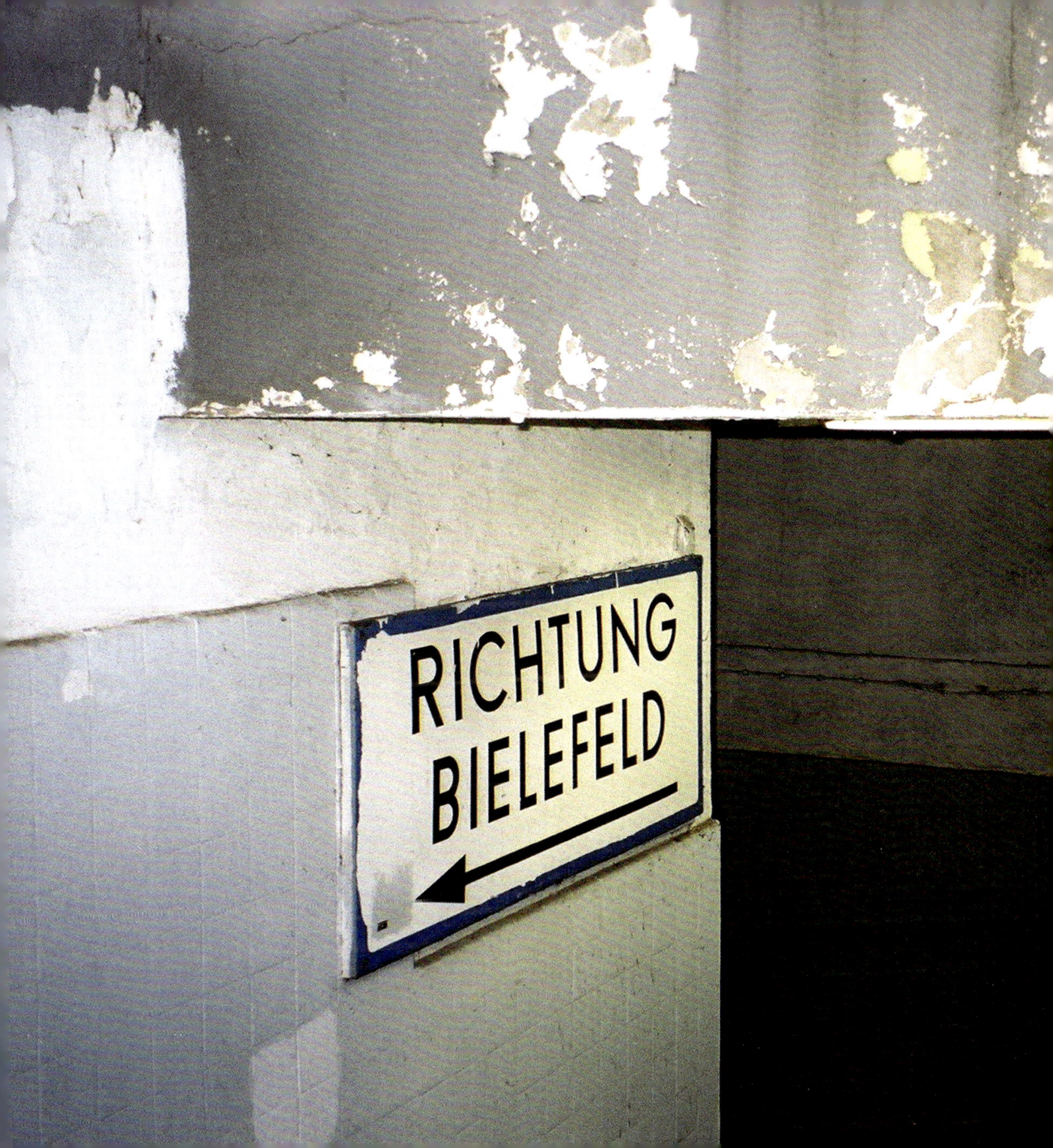
RICHTUNG
BIELEFELD

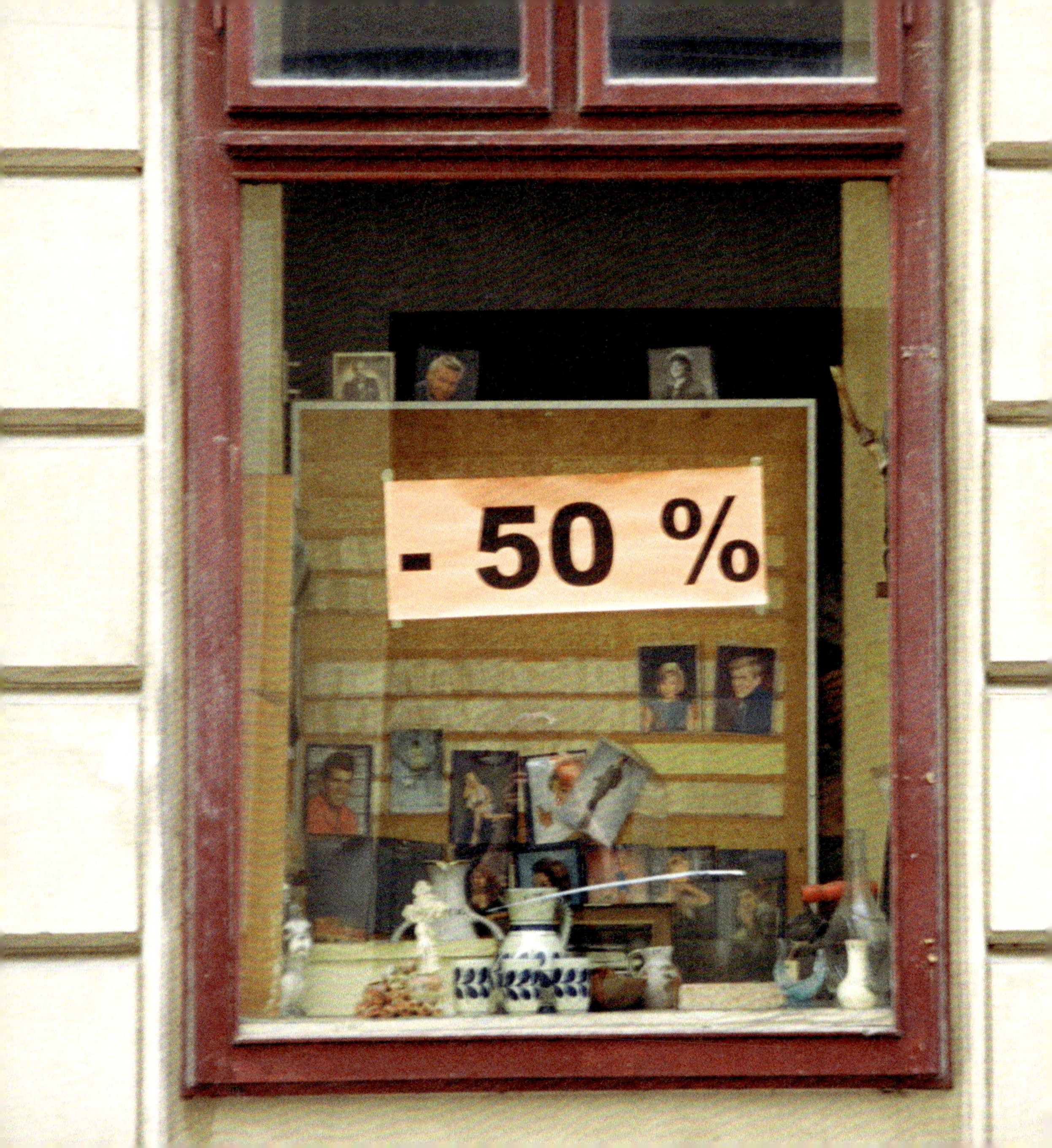
- 50 %

Krisenprojekt.
Mein Freund Michael Stauffer schlägt vor: Mit 1000 Euro in die Schweiz fahren, an den Schalter einer Bank gehen und das Geld in Schweizer Franken wechseln. Die Bank verlassen, die Bank erneut betreten, das Geld wieder in Euro wechseln. Rausgehen, wieder reingehen, das Geld in Schweizer Franken wechseln. Und das so lange weitermachen, bis das ganze Geld weg ist.
Es sei erstaunlich, wie schnell das gehe.

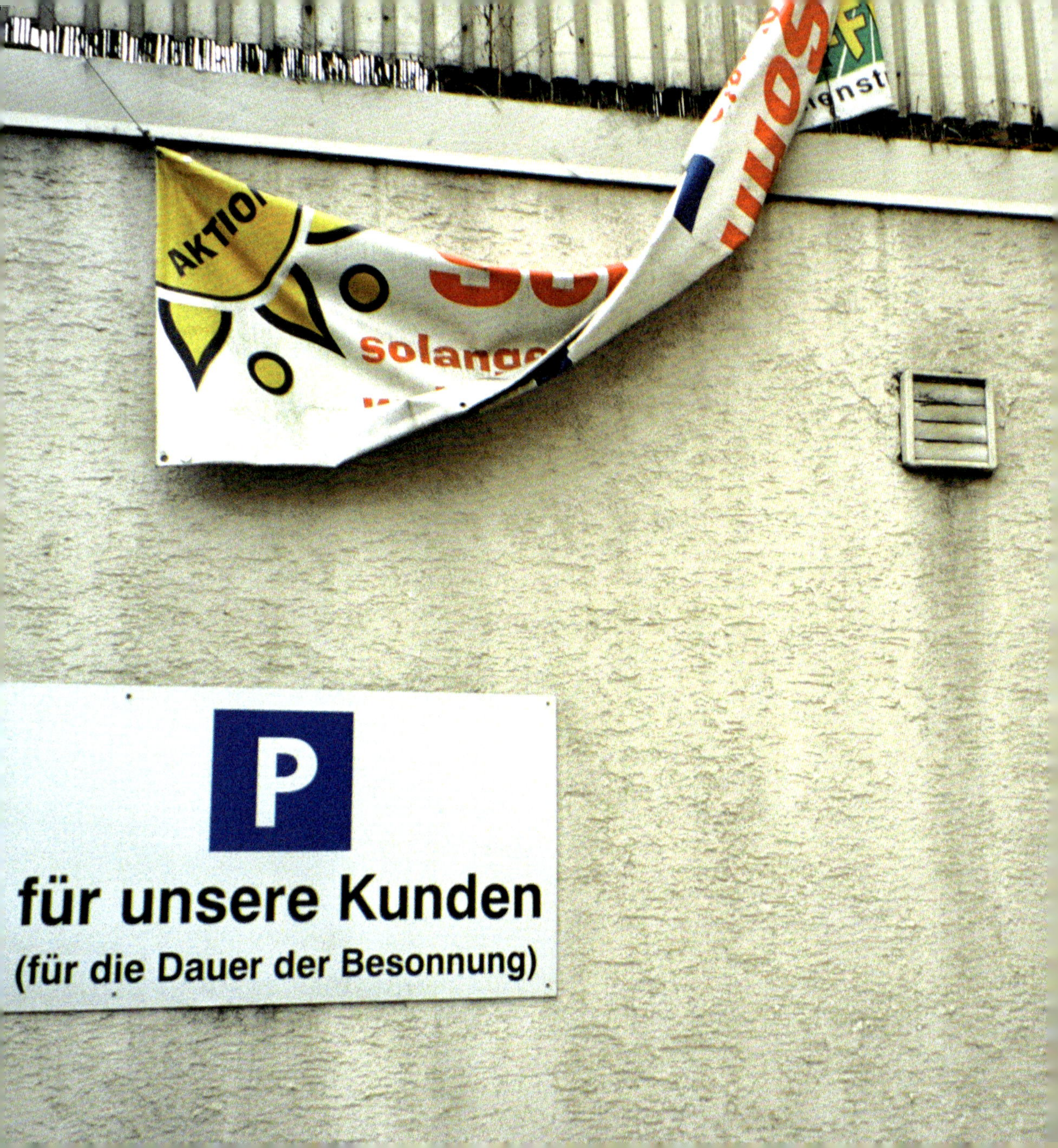
AKTION
solange
P
für unsere Kunden
(für die Dauer der Besonnung)

Sonnenlicht hilft bei depressiven Verstimmungen.
Trotzdem habe ich, wenn ich schweren Mutes an Hochhäusern vorbeilaufe,
Angst, dass einer vom Dach springt und genau auf mir landet.
Nach deutschem Recht ist das Totschlag.

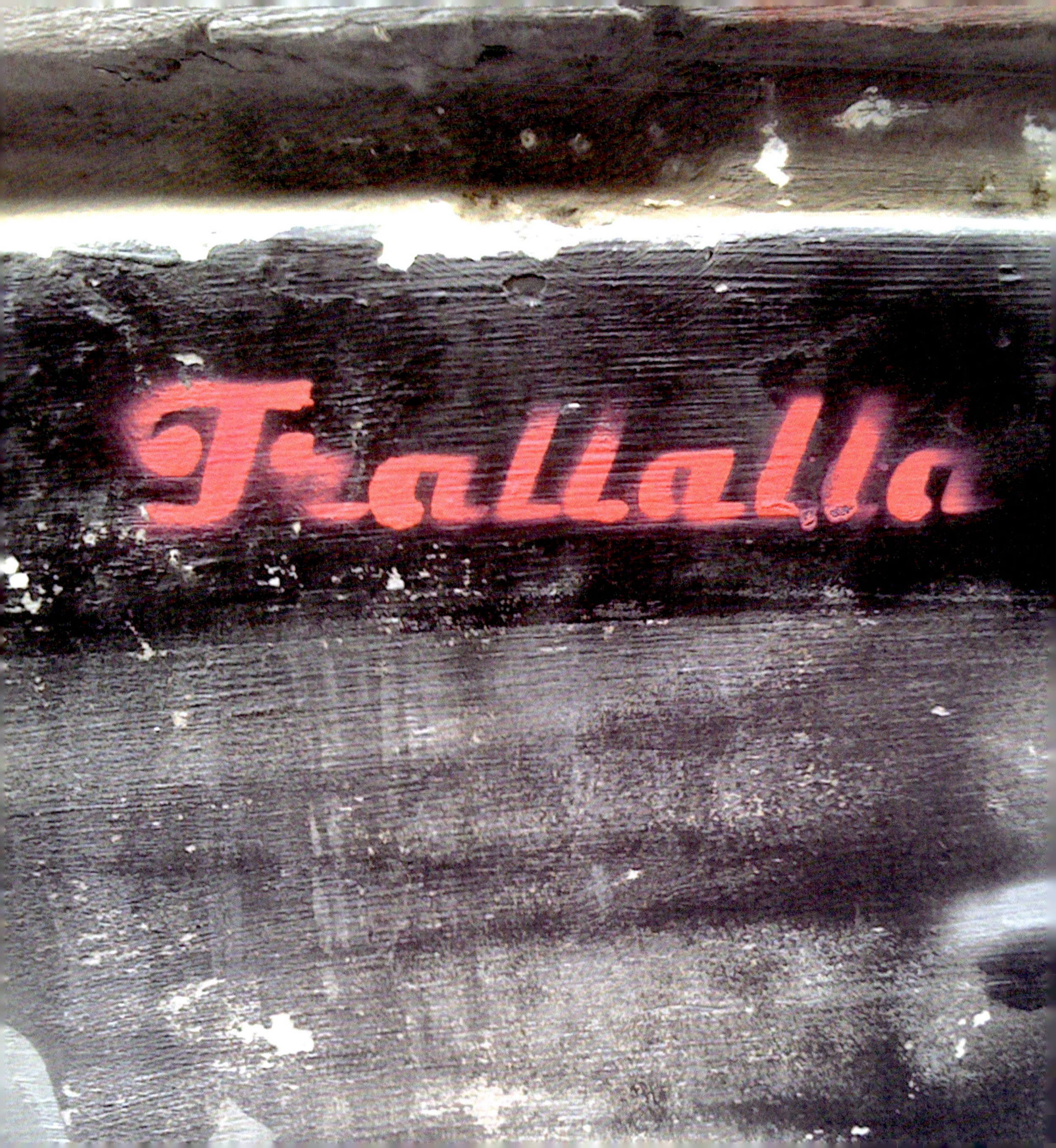

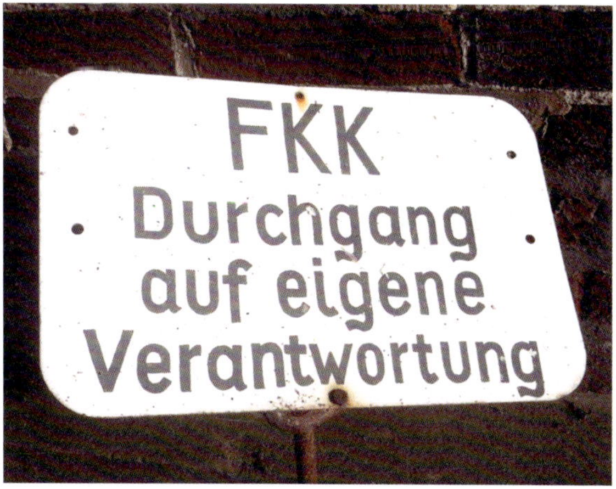
FKK
Durchgang
auf eigene
Verantwortung

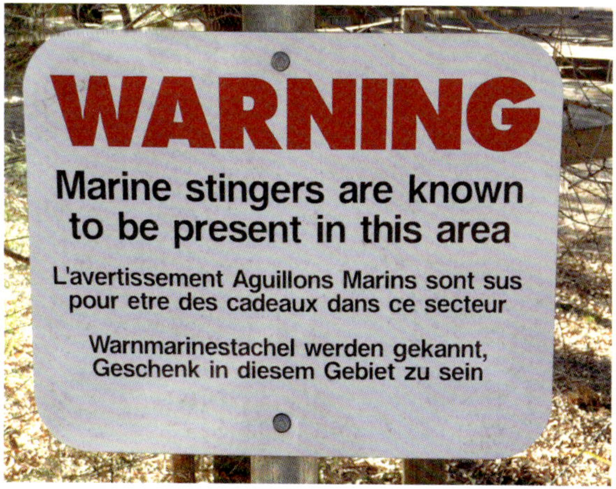
WARNING
Marine stingers are known
to be present in this area
L'avertissement Aguillons Marins sont sus
pour etre des cadeaux dans ce secteur
Warnmarinestachel werden gekannt,
Geschenk in diesem Gebiet zu sein

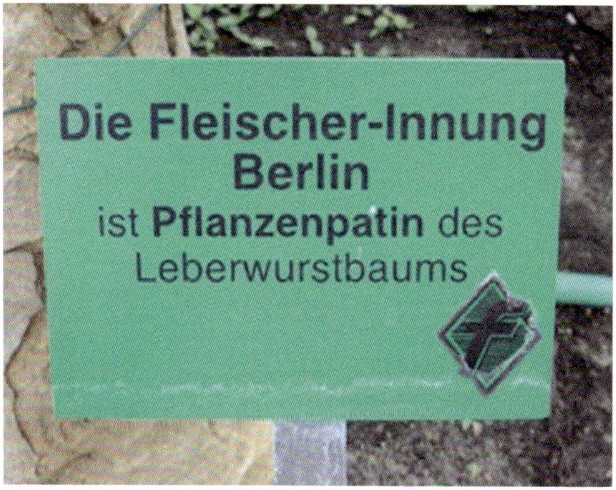
Die Fleischer-Innung
Berlin
ist Pflanzenpatin des
Leberwurstbaums

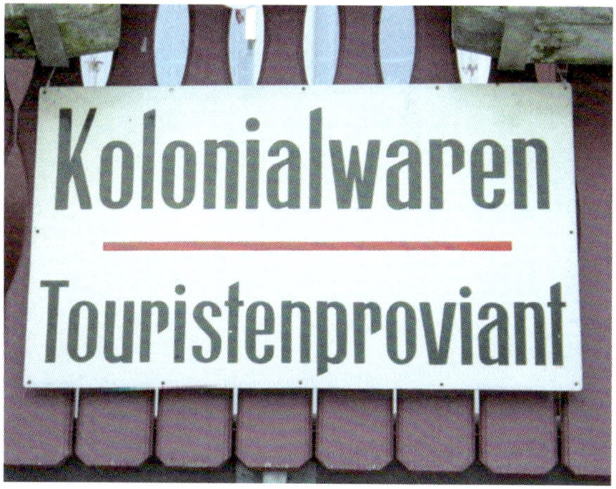
Kolonialwaren
Touristenproviant

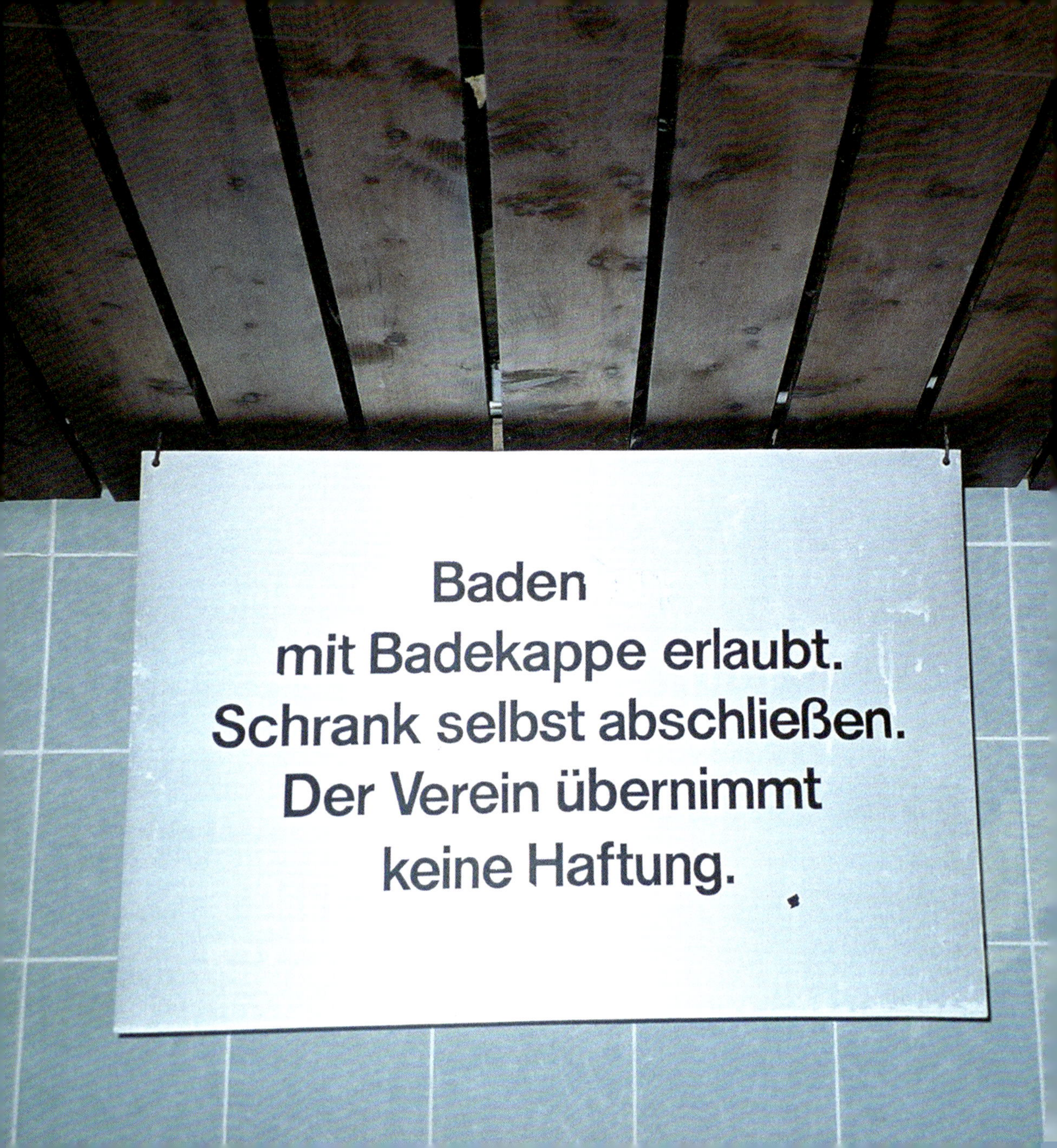
Baden
mit Badekappe erlaubt.
Schrank selbst abschließen.
Der Verein übernimmt
keine Haftung.

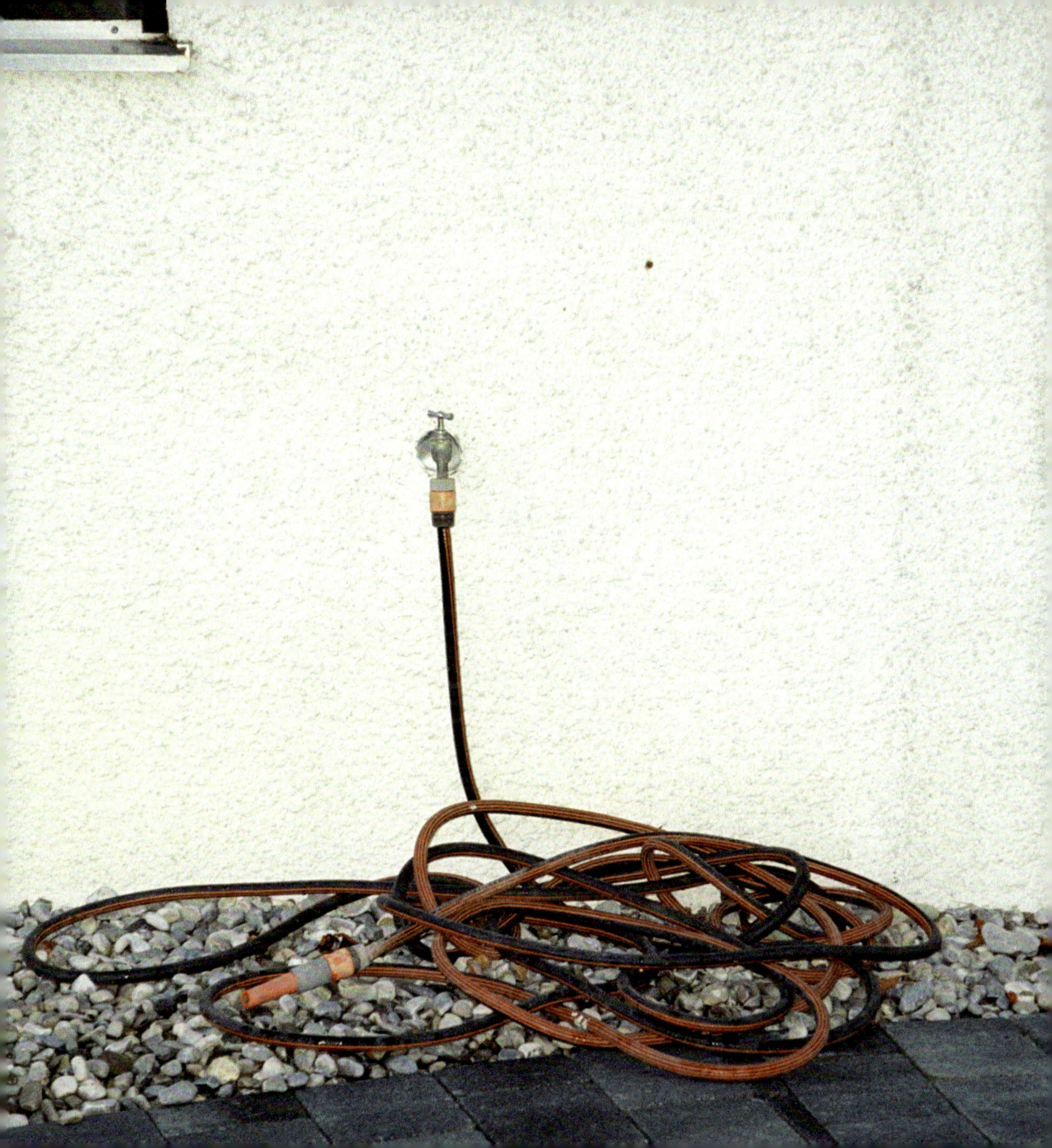

Beim Ausmisten des Speichers finde ich eine Notiz aus dem Jahr 1983, als ich noch im Münchner Speckgürtel lebte: ein Entschuldigungsschreiben meiner Mutter, das mich vom Schulausflug in die Gedenkstätte Dachau befreite. Meine Mutter schrieb lapidar:
»Mein Sohn kann leider nicht mit ins KZ – wegen Schnupfen.«

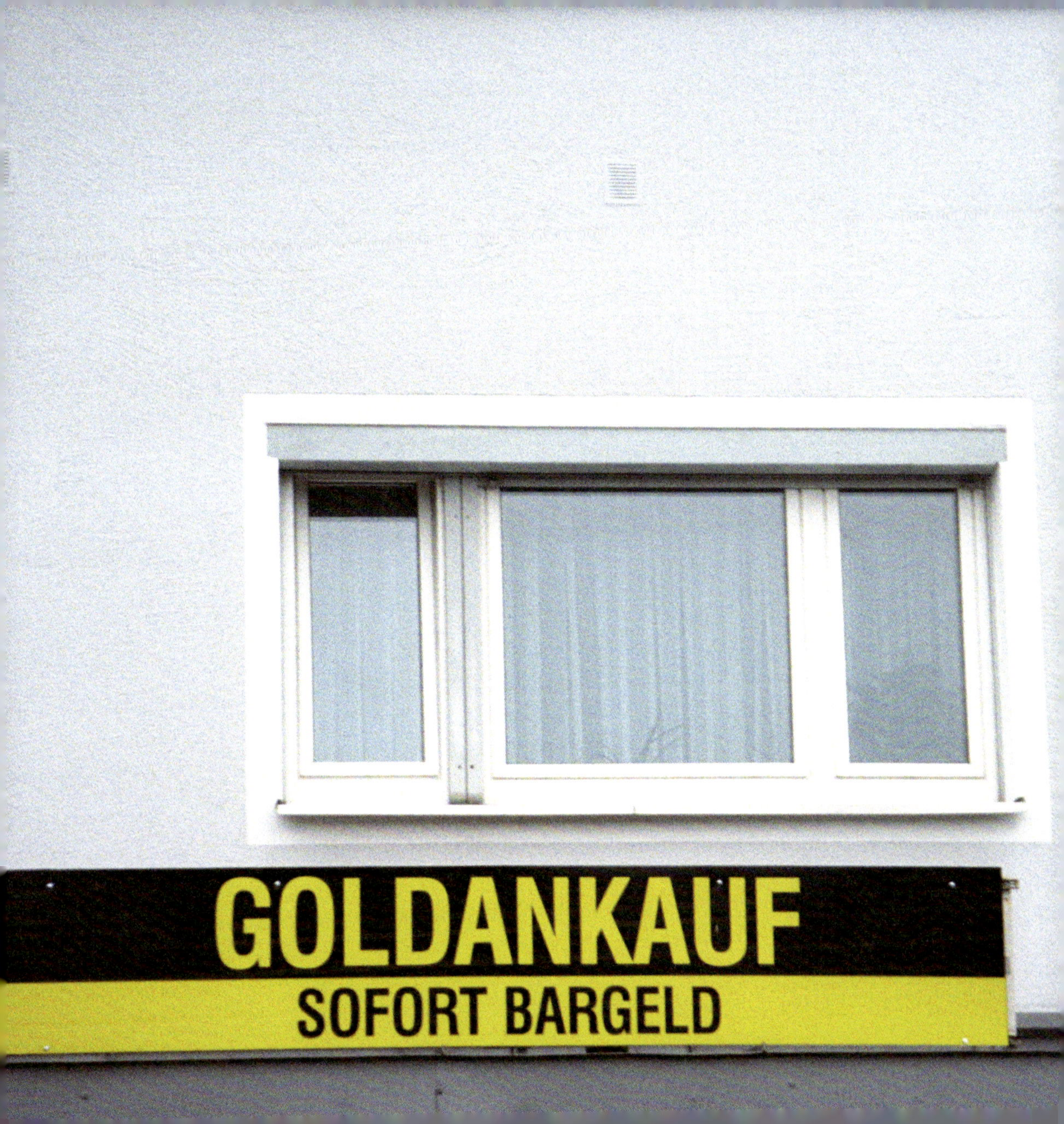
GOLDANKAUF
SOFORT BARGELD

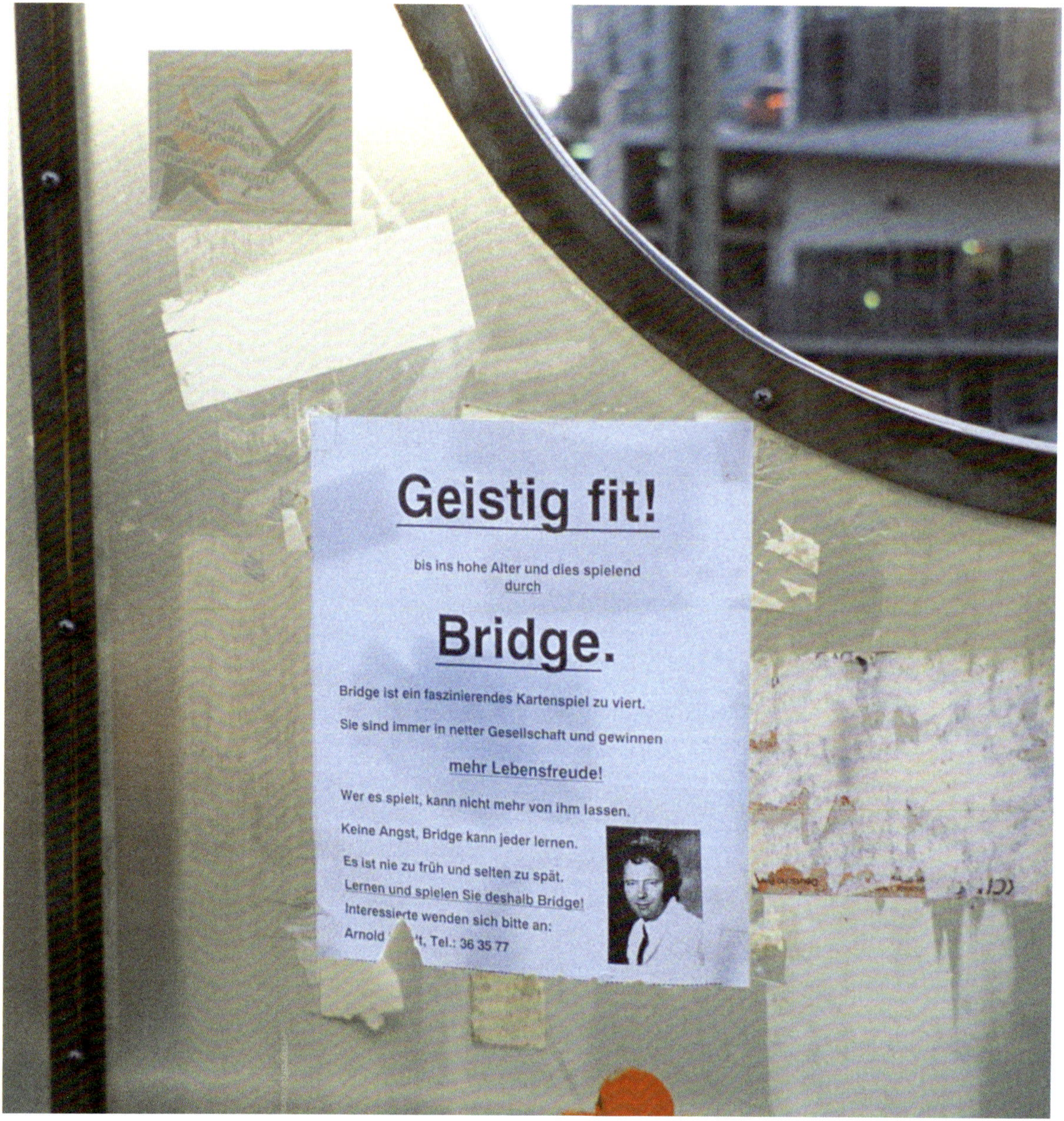
Geistig fit!
bis ins hohe Alter und dies spielend
durch
Bridge.
Bridge ist ein faszinierendes Kartenspiel zu viert.
Sie sind immer in netter Gesellschaft und gewinnen
mehr Lebensfreude!
Wer es spielt, kann nicht mehr von ihm lassen.
Keine Angst, Bridge kann jeder lernen.
Es ist nie zu früh und selten zu spät.
Lernen und spielen Sie deshalb Bridge!
Interessierte wenden sich bitte an:
Arnold
Tel.: 36 35 77

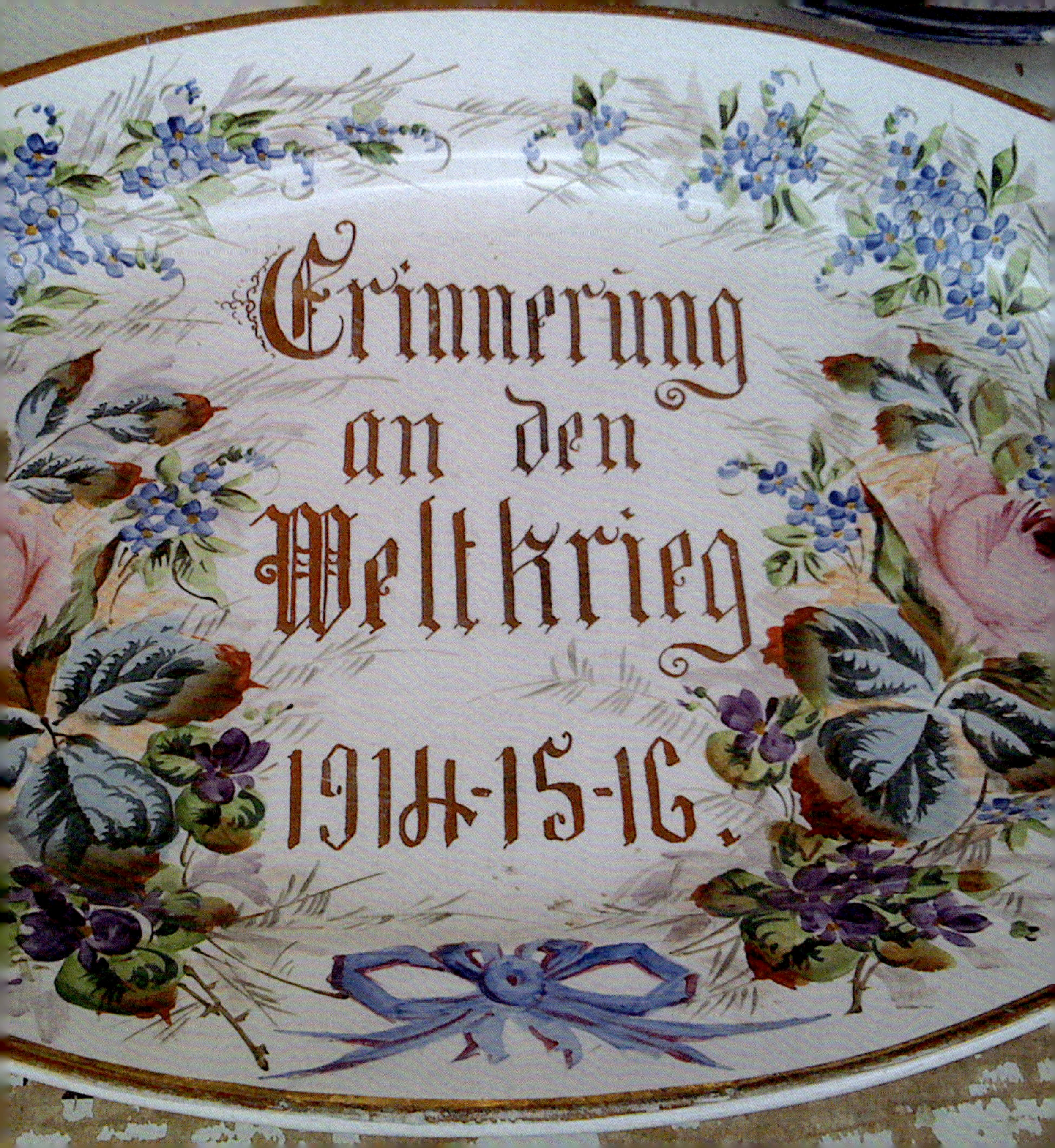
Erinnerung
an den
Weltkrieg
1914-15-16.

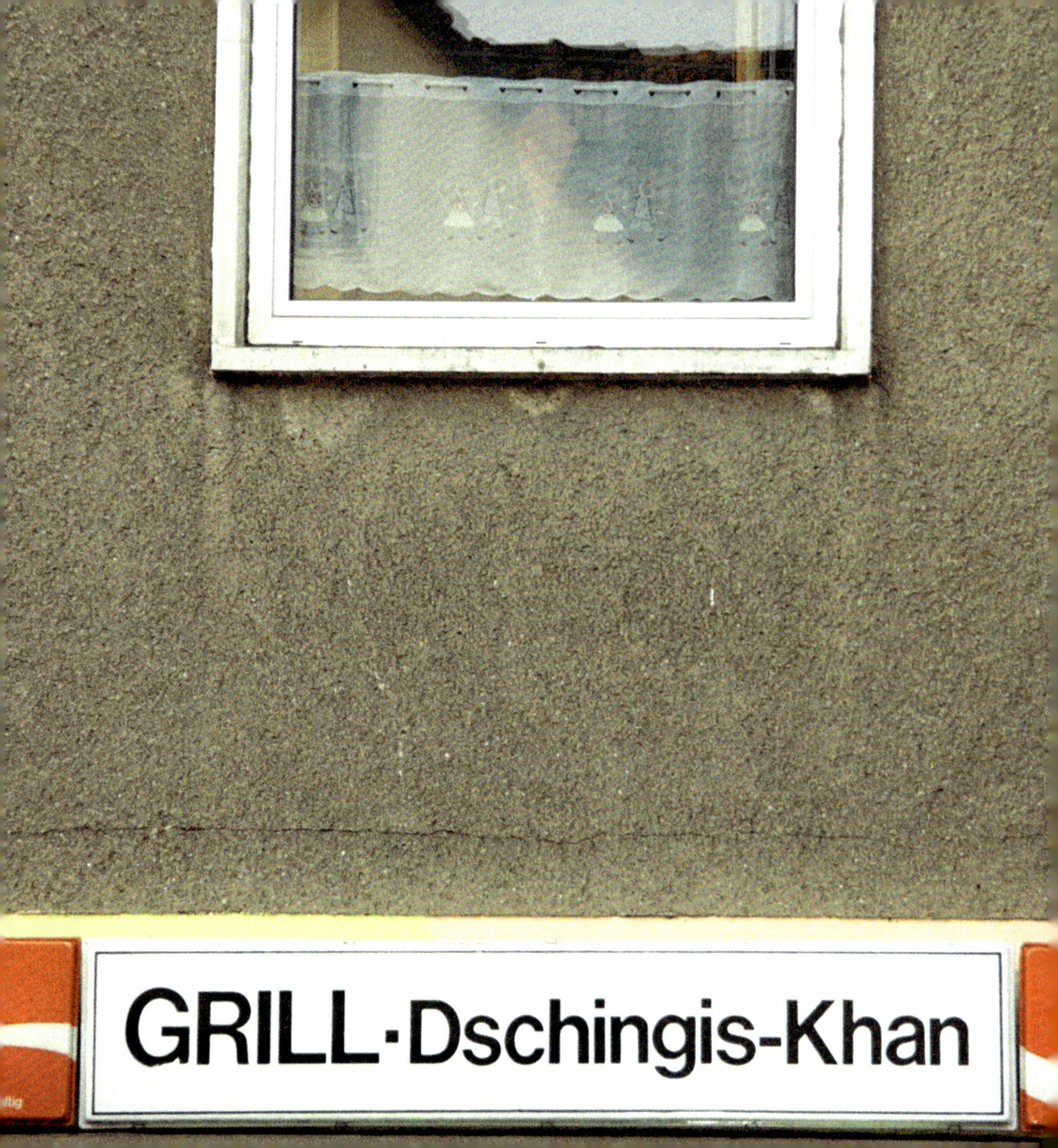
GRILL·Dschingis-Khan

Aus Gründen einer plötzlich aufkommenden Fröhlichkeit grüße ich auf einem ziellosen Spaziergang alle Menschen, denen ich begegne, und werde freundlich zurückgegrüßt; einige wenige wählen dazu das christliche »Grüß Gott«, die meisten wünschen mir allerdings – ganz weltlich – einen »Guten Tag«.
Ich denke darüber nach, dass die bei uns gebräuchlichen Grußformeln stets in die Zukunft weisen. In der Mongolei ist das anders, hier bezieht sich ein Gruß immer auf die Vergangenheit. Die am häufigsten verwendete Begrüßung lautet dort: »Sind Sie gut geritten?«
Meiner Fröhlichkeit tut das keinen Abbruch.
Und der Teufel kriegt uns früh genug.

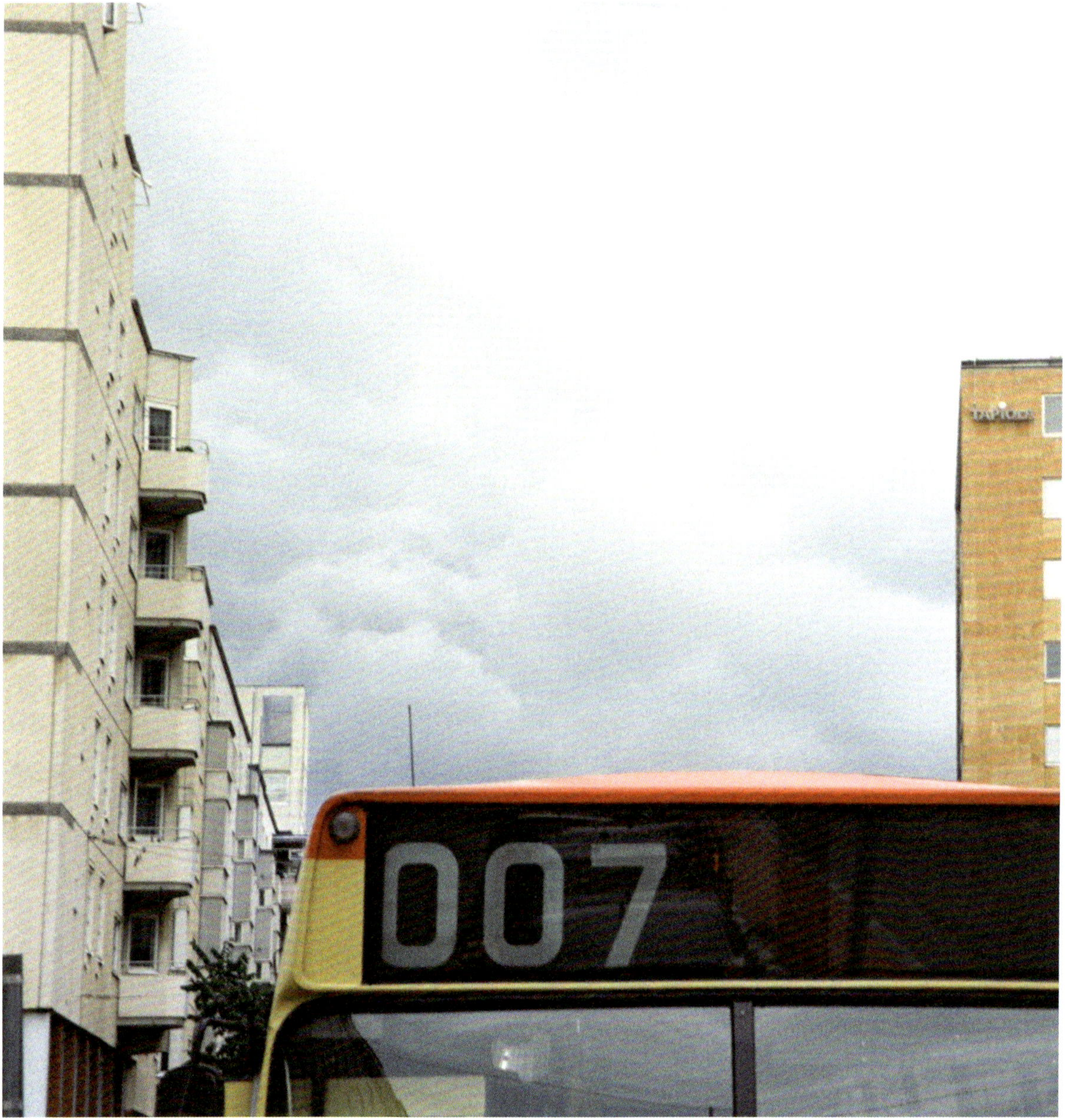
007

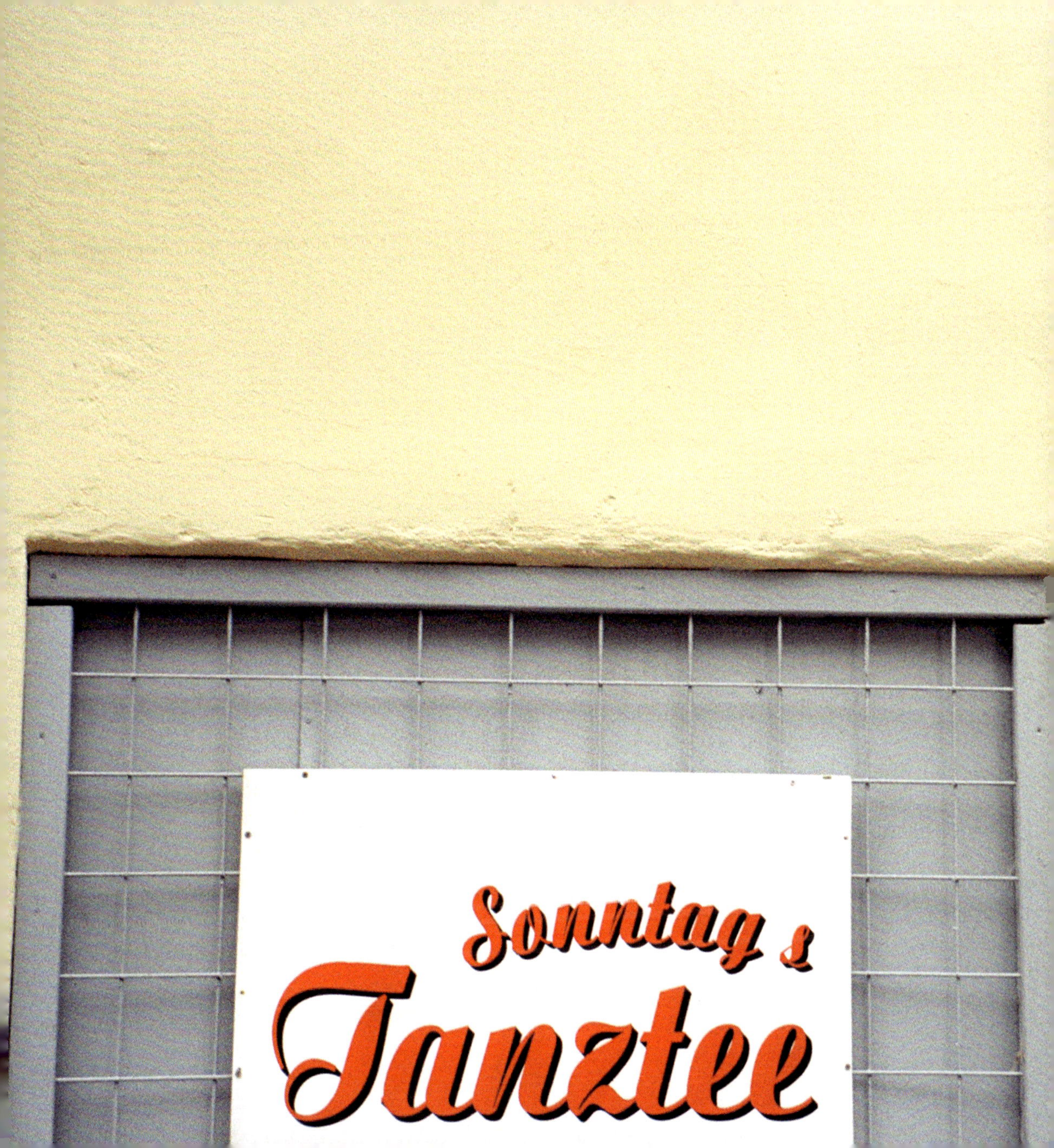
Sonntag s
Tanztee

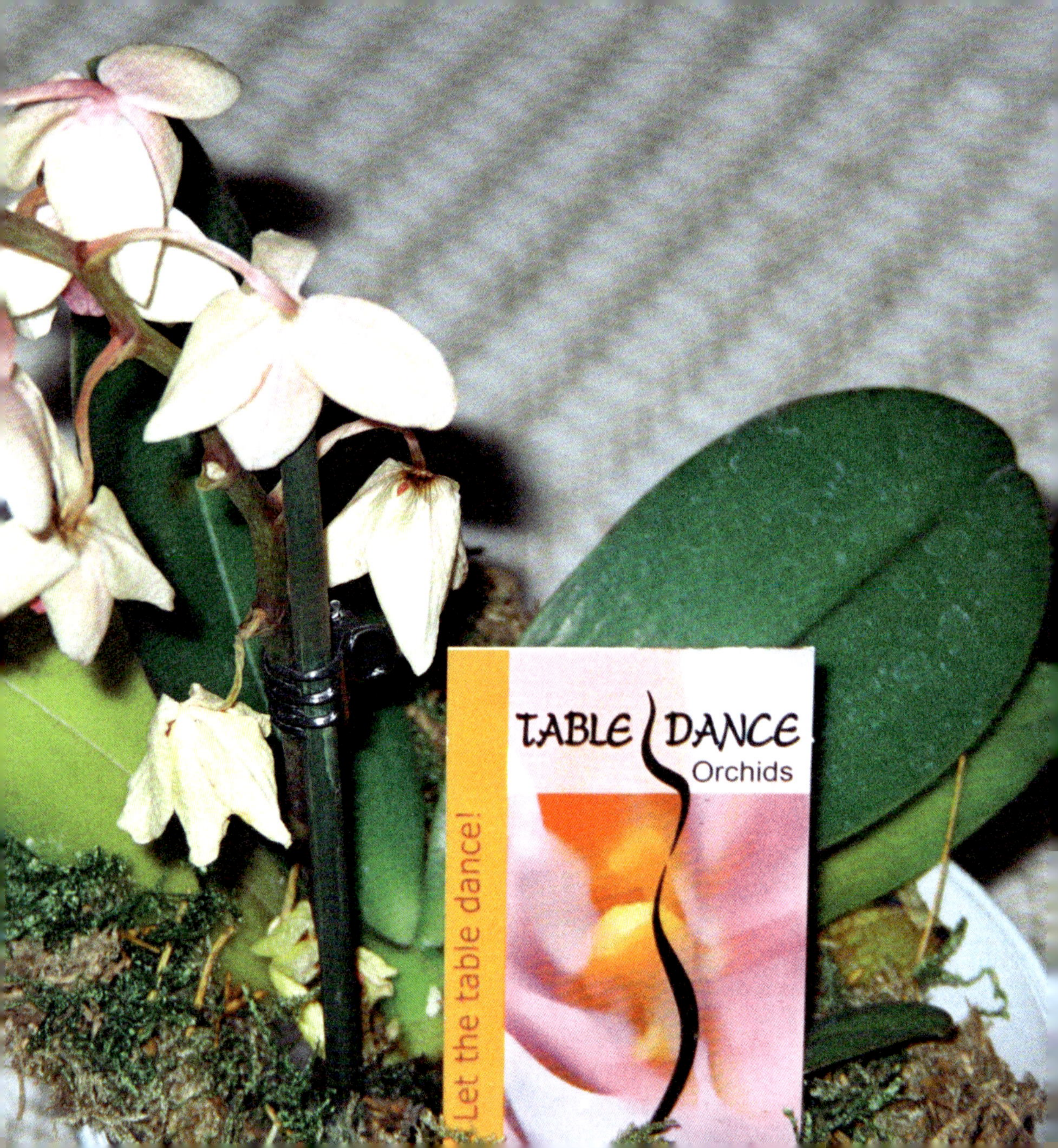
TABLE DANCE
Orchids
Let the table dance!

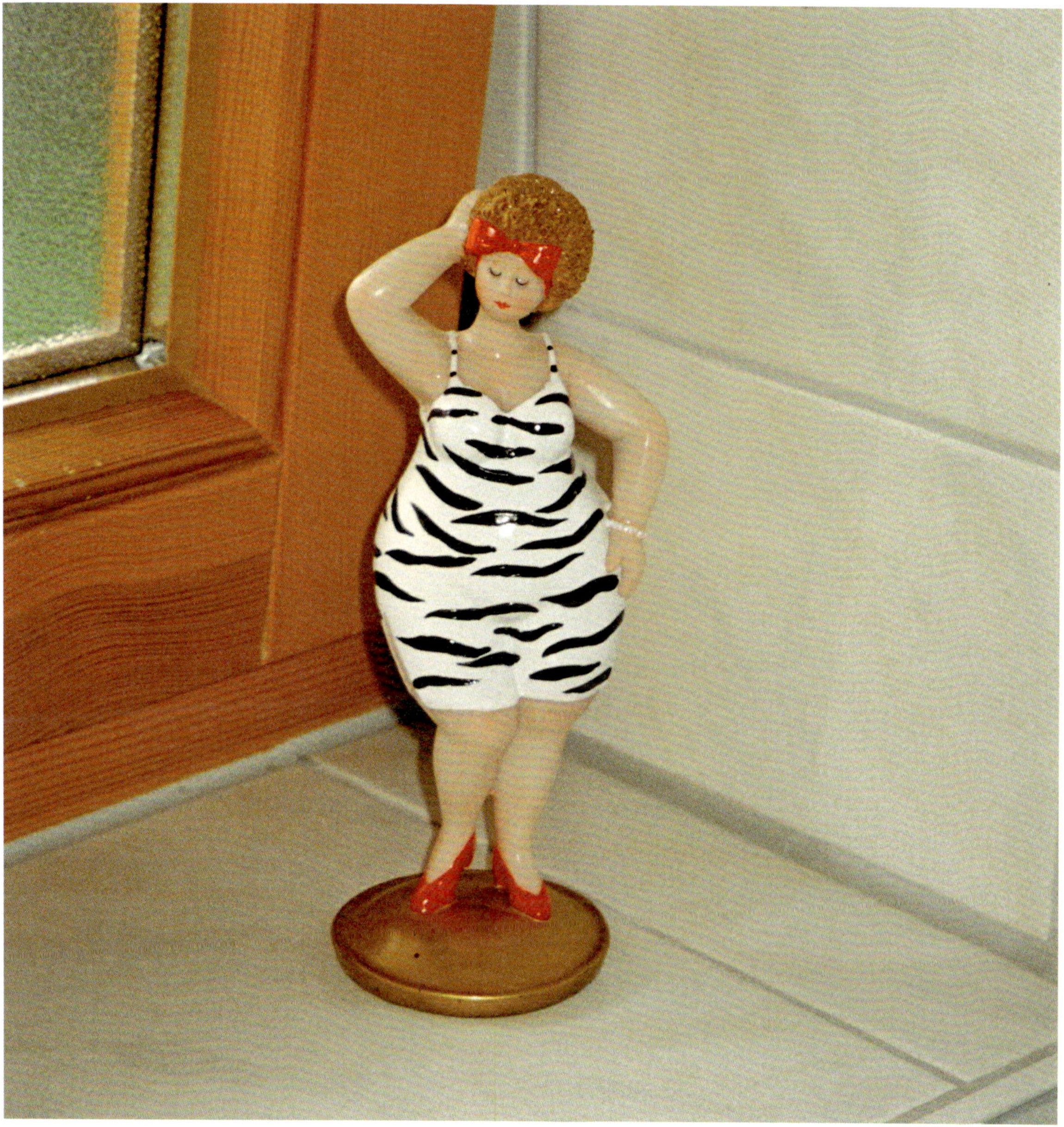

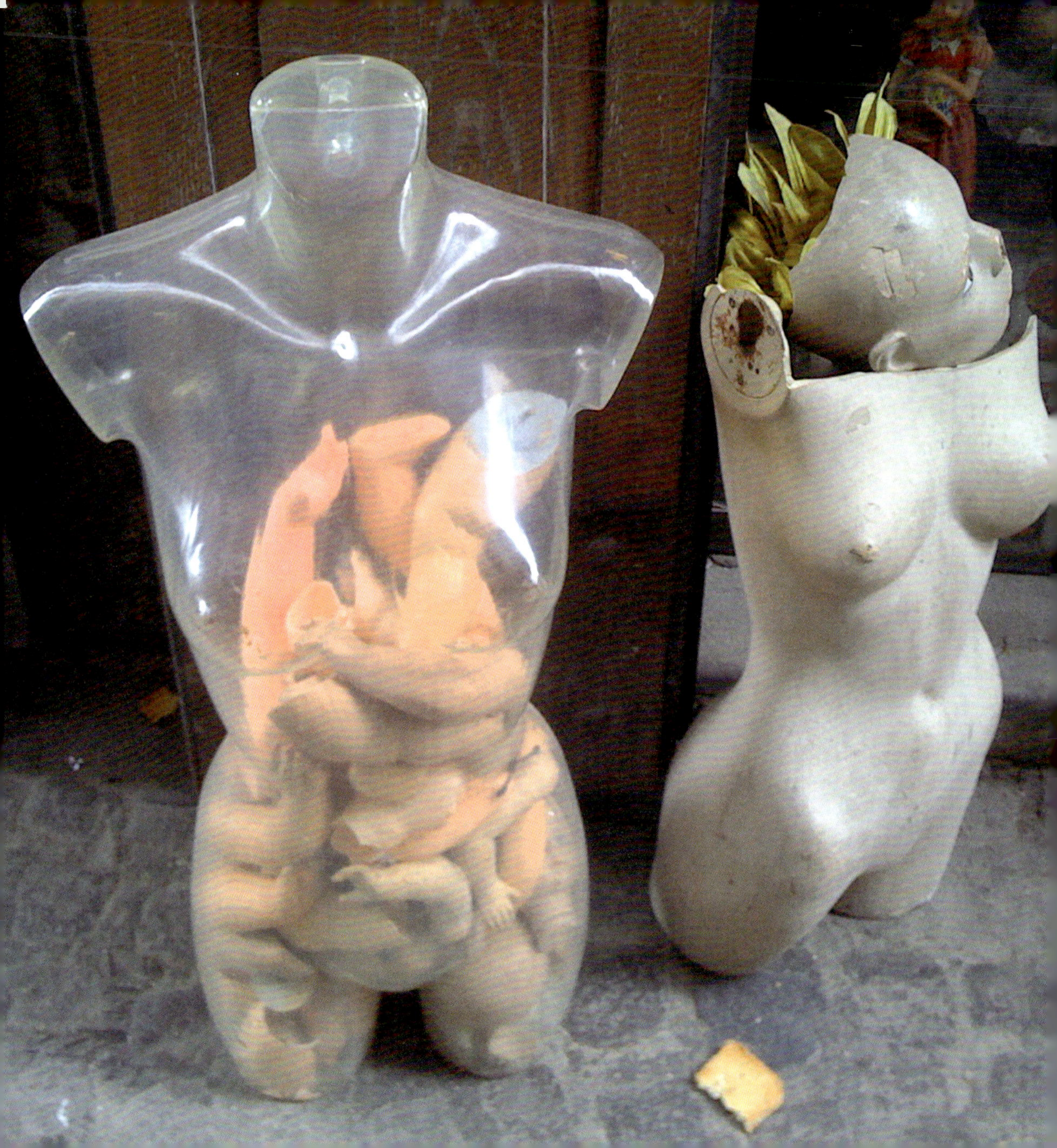

Wieso werden Intellektuelle im Fernsehen immer vor
ihrem Bücherregal interviewt?
(Und nie in der Küche vor einer Stellage mit leeren Joghurtbechern?)

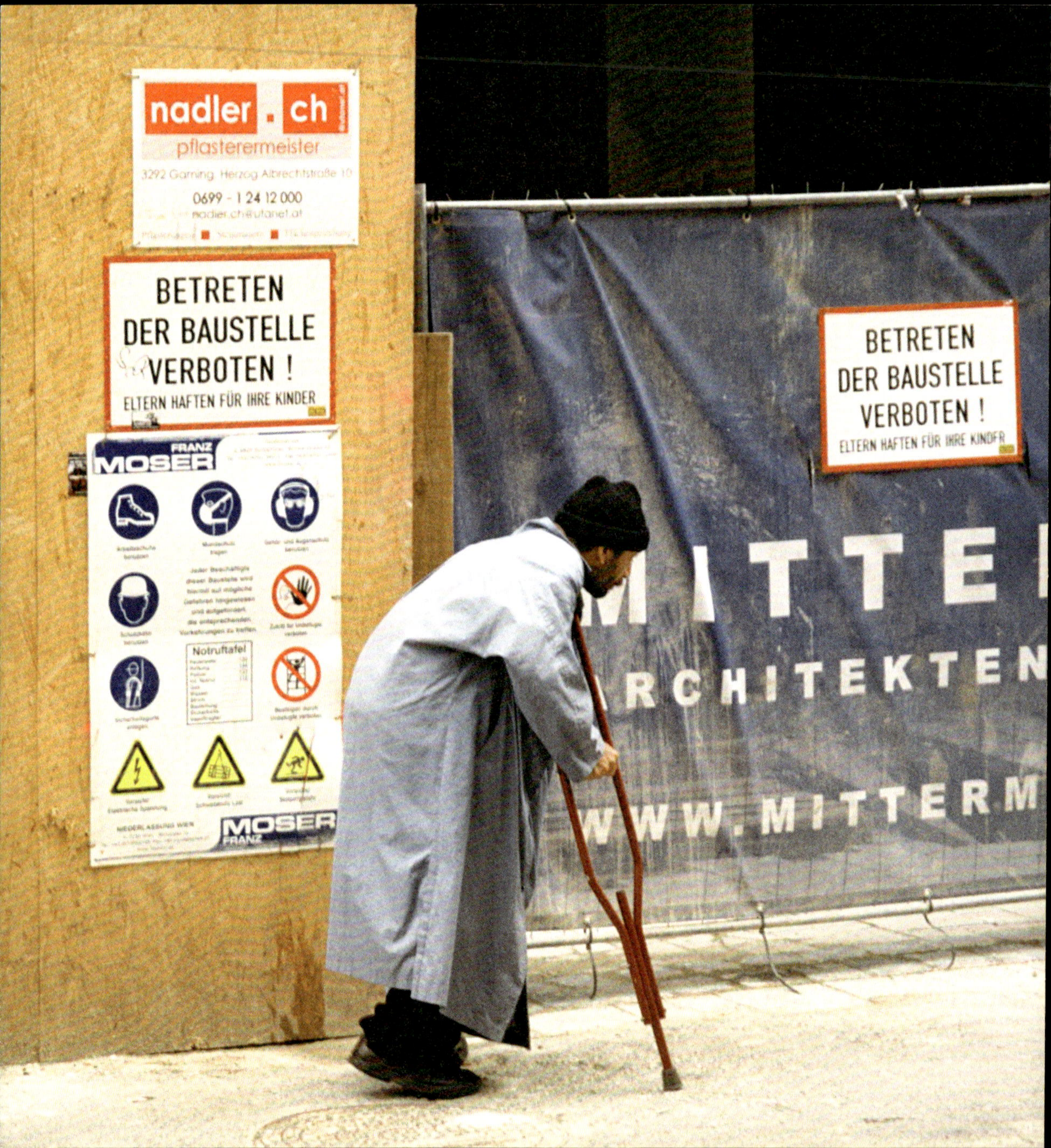
nadler . ch
pflasterermeister
3292 Gaming, Herzog Albrechtstraße 10
0699 - 1 24 12 000
nadler.ch@utanet.at
BETRETEN
DER BAUSTELLE
VERBOTEN !
ELTERN HAFTEN FÜR IHRE KINDER
FRANZ
MOSER
Notruftafel
MOSER
FRANZ
BETRETEN
DER BAUSTELLE
VERBOTEN !
ELTERN HAFTEN FÜR IHRE KINDER
MITTE
RCHITEKTEN
WWW.MITTERM

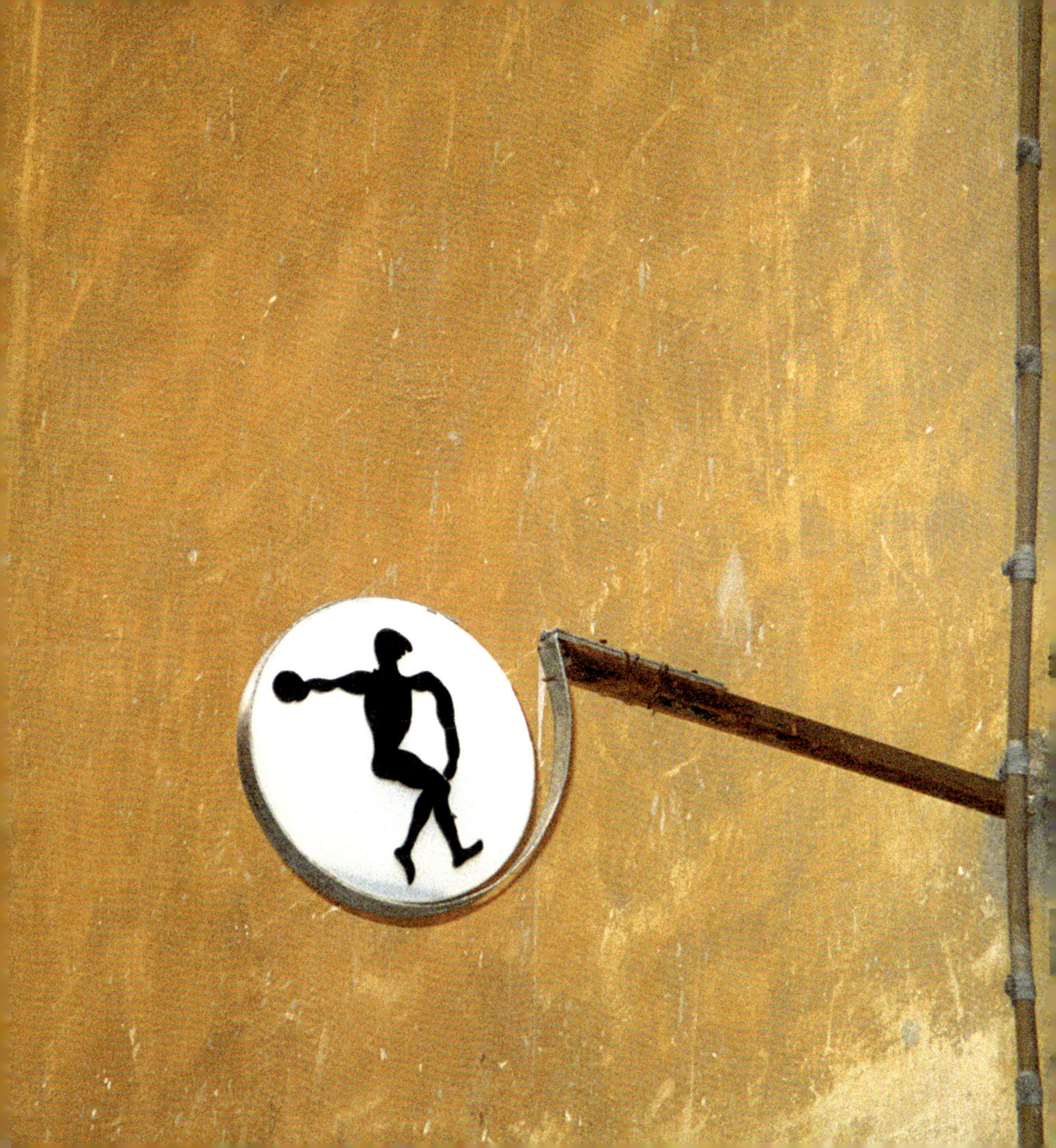

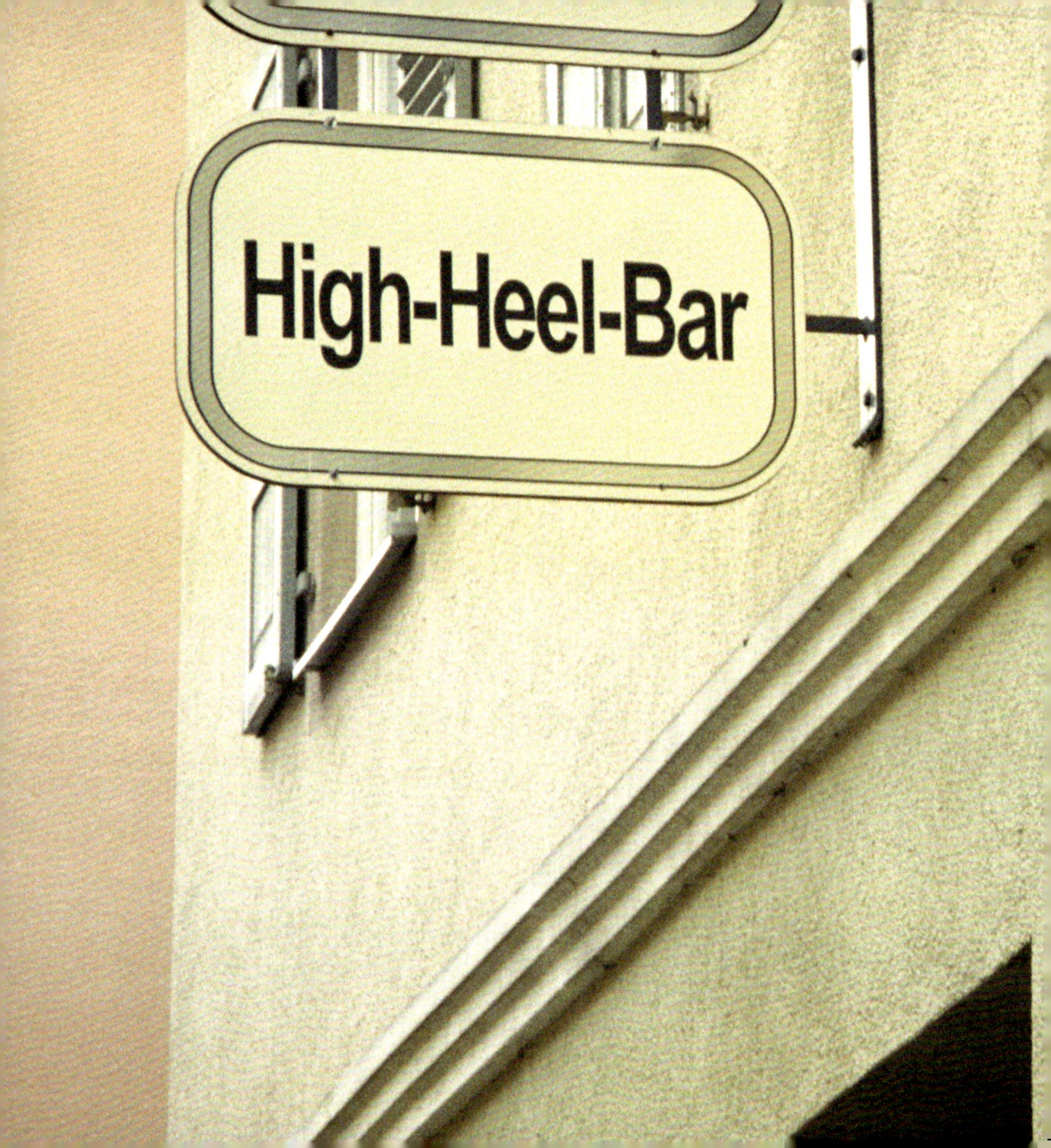
High-Heel-Bar

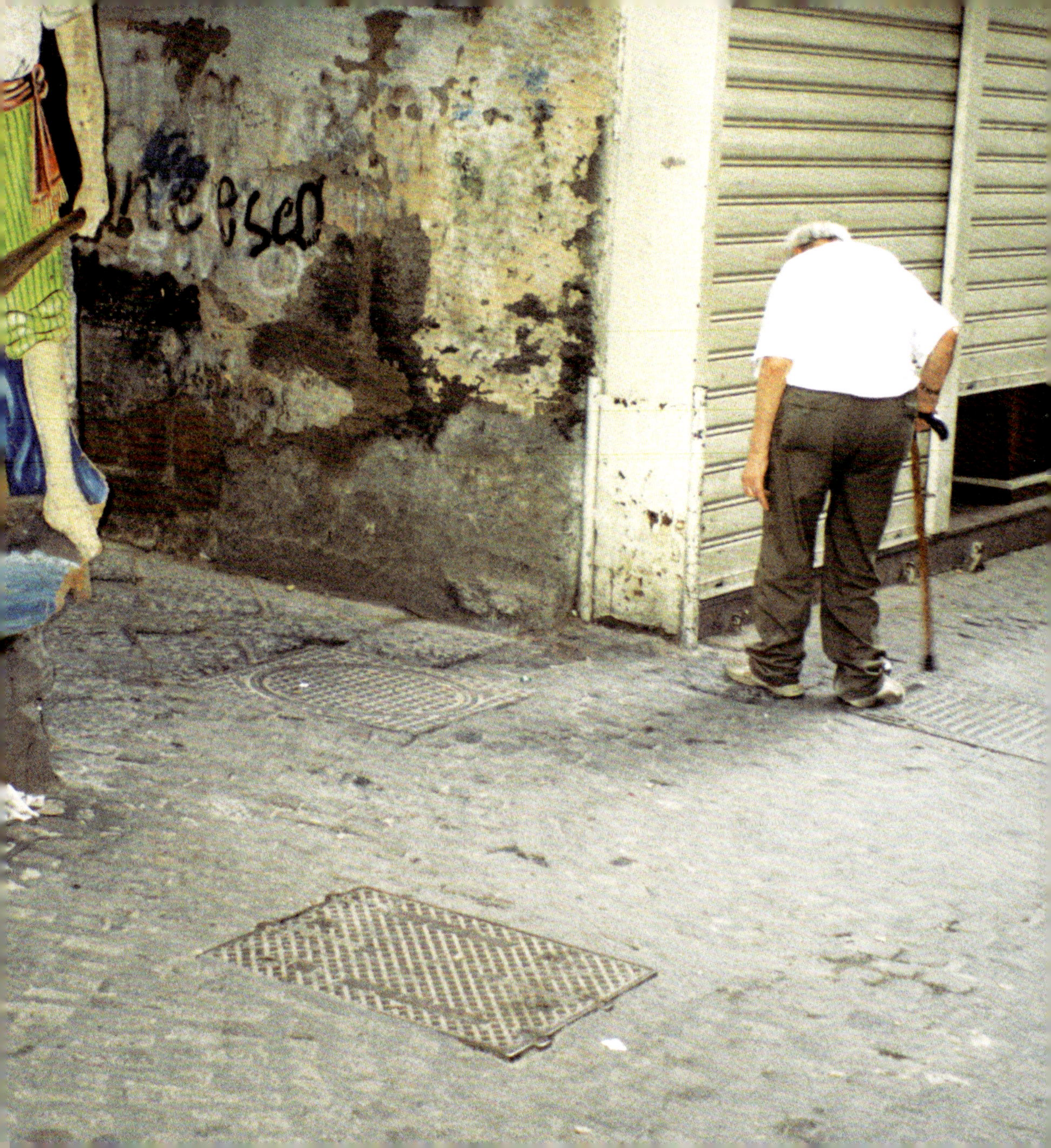

Altern in Unwürde: Zum dritten Mal in Folge passiert es mir, dass ich beim Hören von SWR 1 gute Laune bekomme.

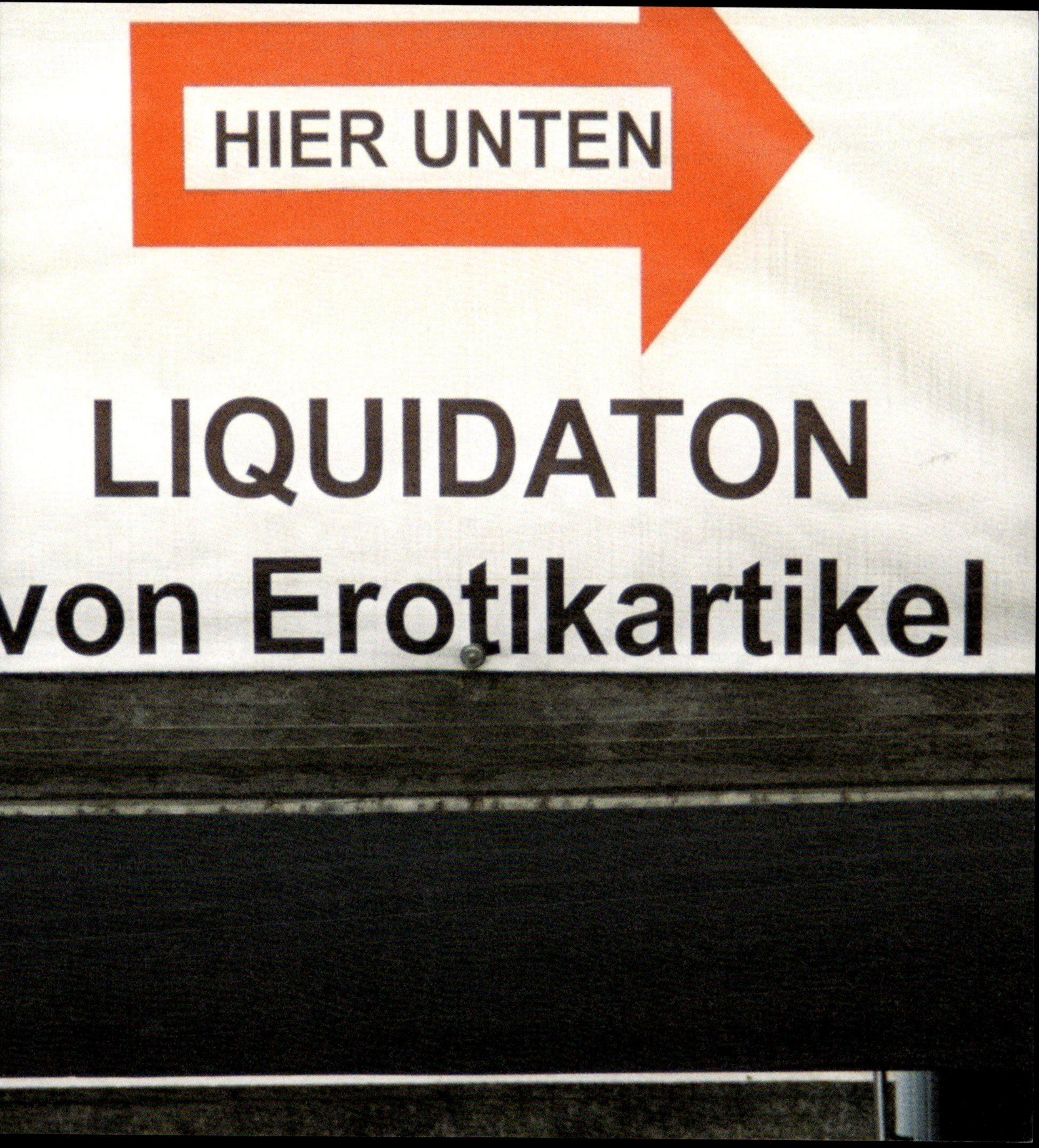
HIER UNTEN
LIQUIDATON
von Erotikartikel

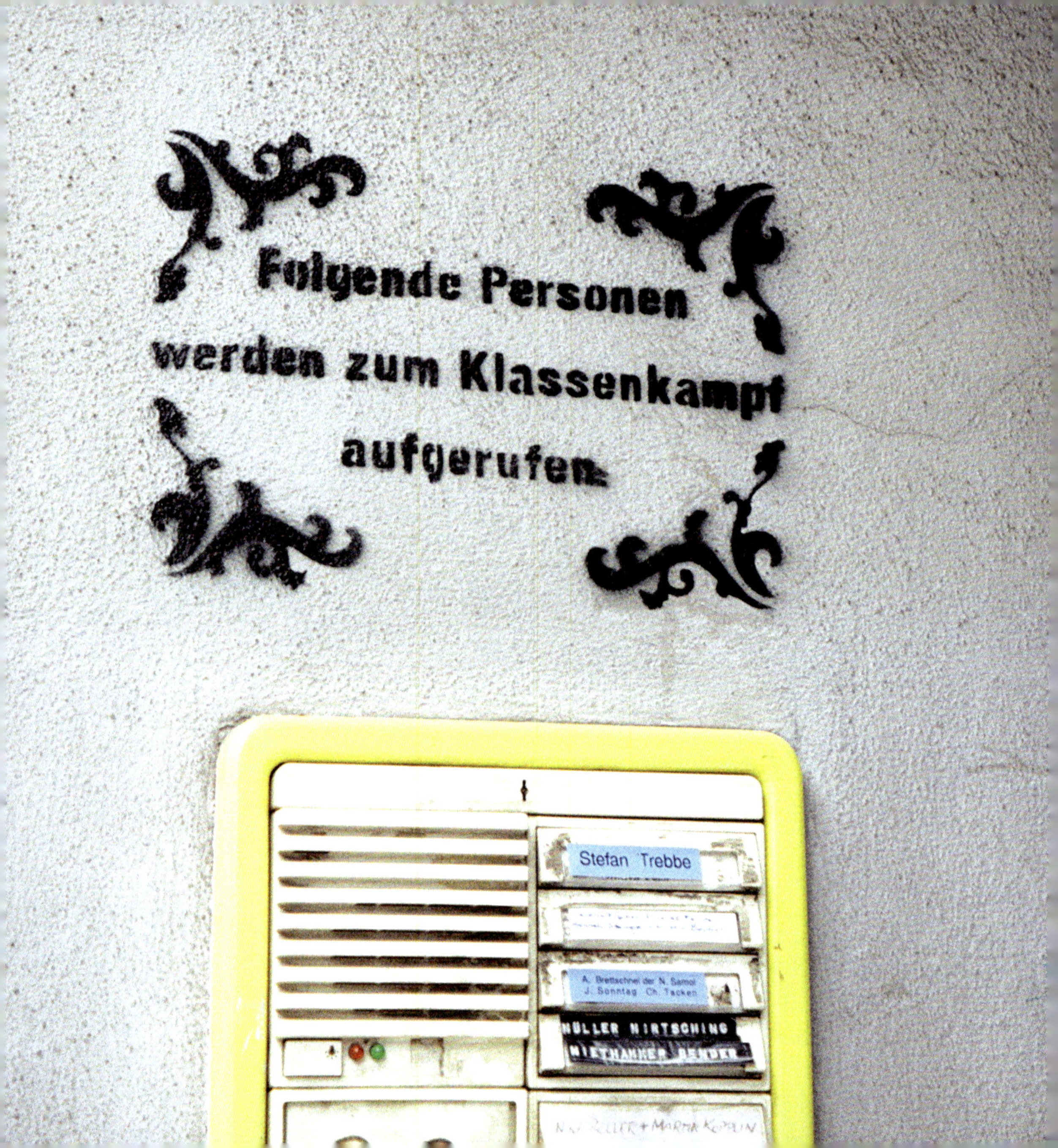
Folgende Personen
werden zum Klassenkampf
aufgerufen.
Stefan Trebbe
A. Brettschneider N. Samol
J. Sonntag Ch. Tacken
MÜLLER WIRTSCHING

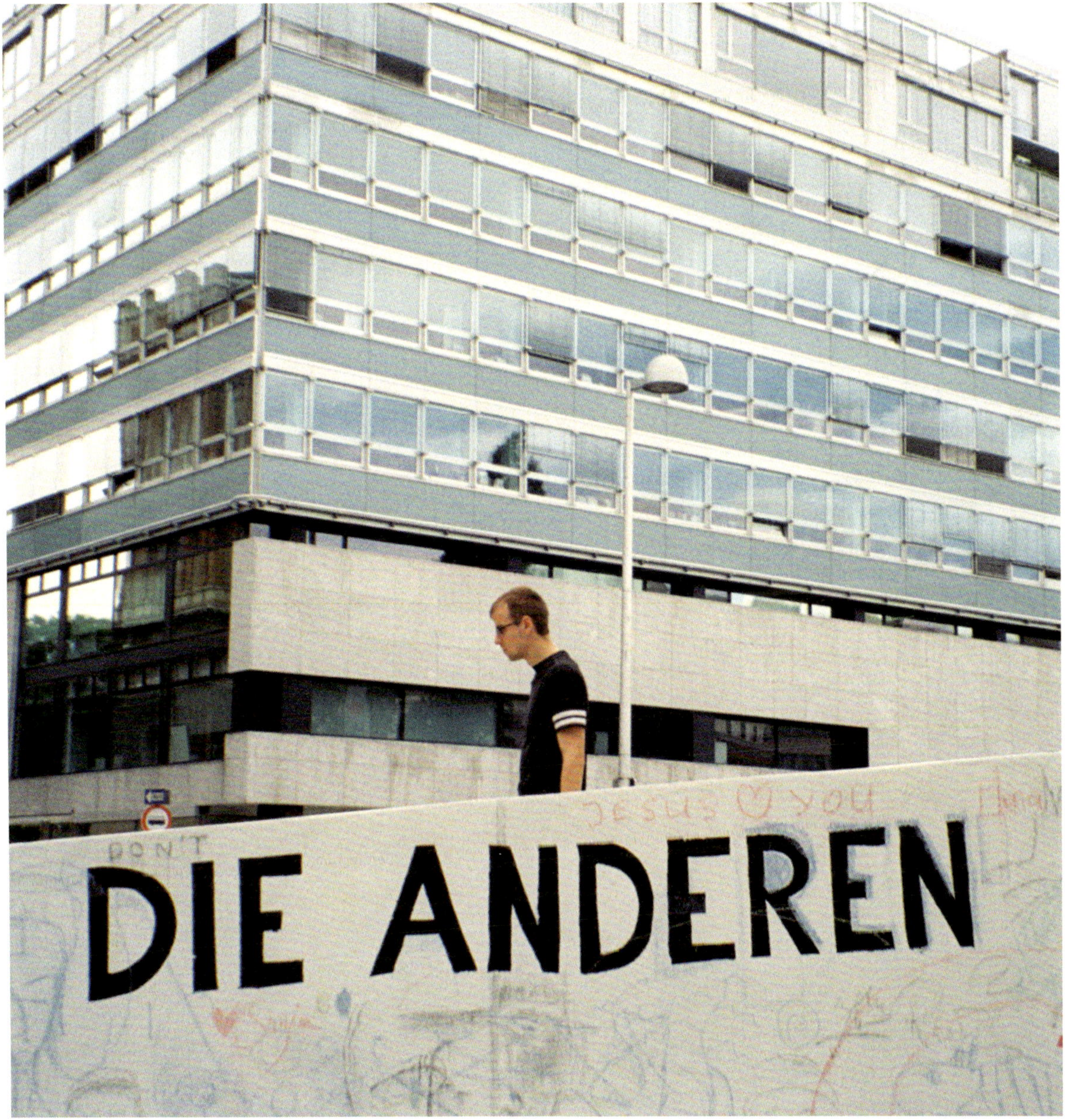

DON'T
DIE ANDEREN
JESUS ♥ YOU

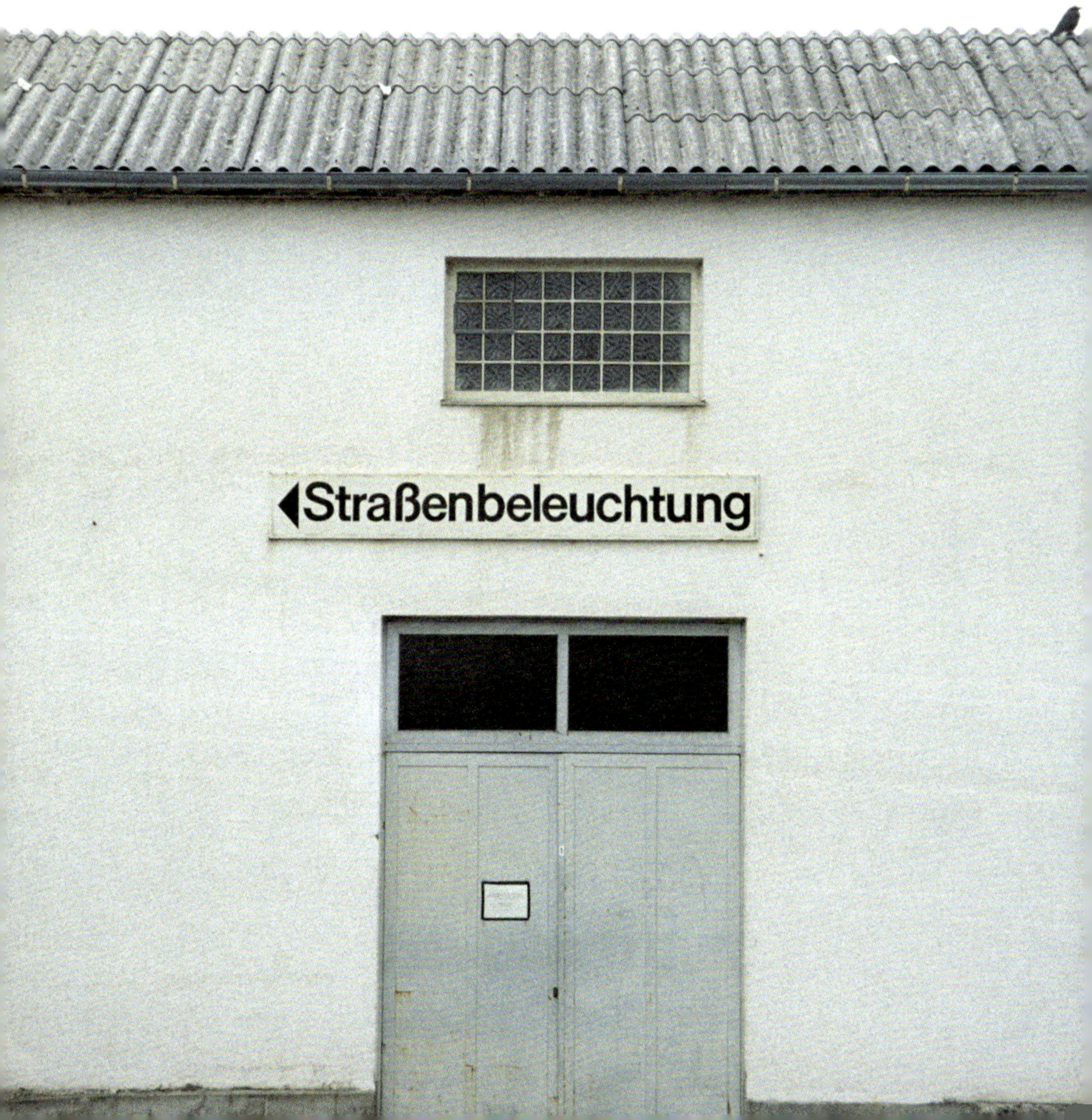
Straßenbeleuchtung

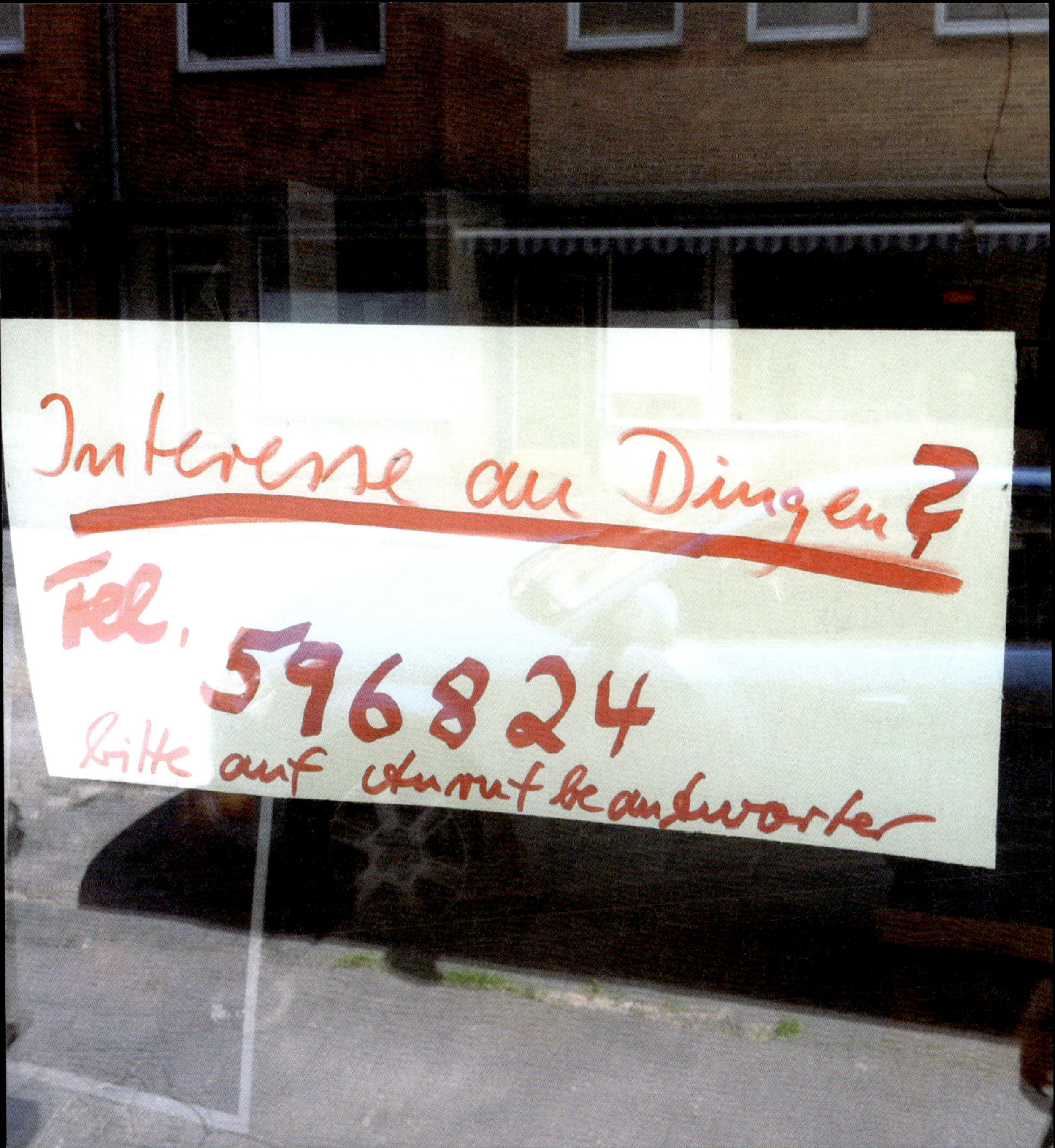
Interesse an Dingen?
Tel. 596824
bitte auf Anrufbeantworter

Noch ein Krisenprojekt.
Ein Freund schlägt vor, eine Privatbank zu gründen. Um in den Genuss der staatlichen Rettungspakete zu kommen.

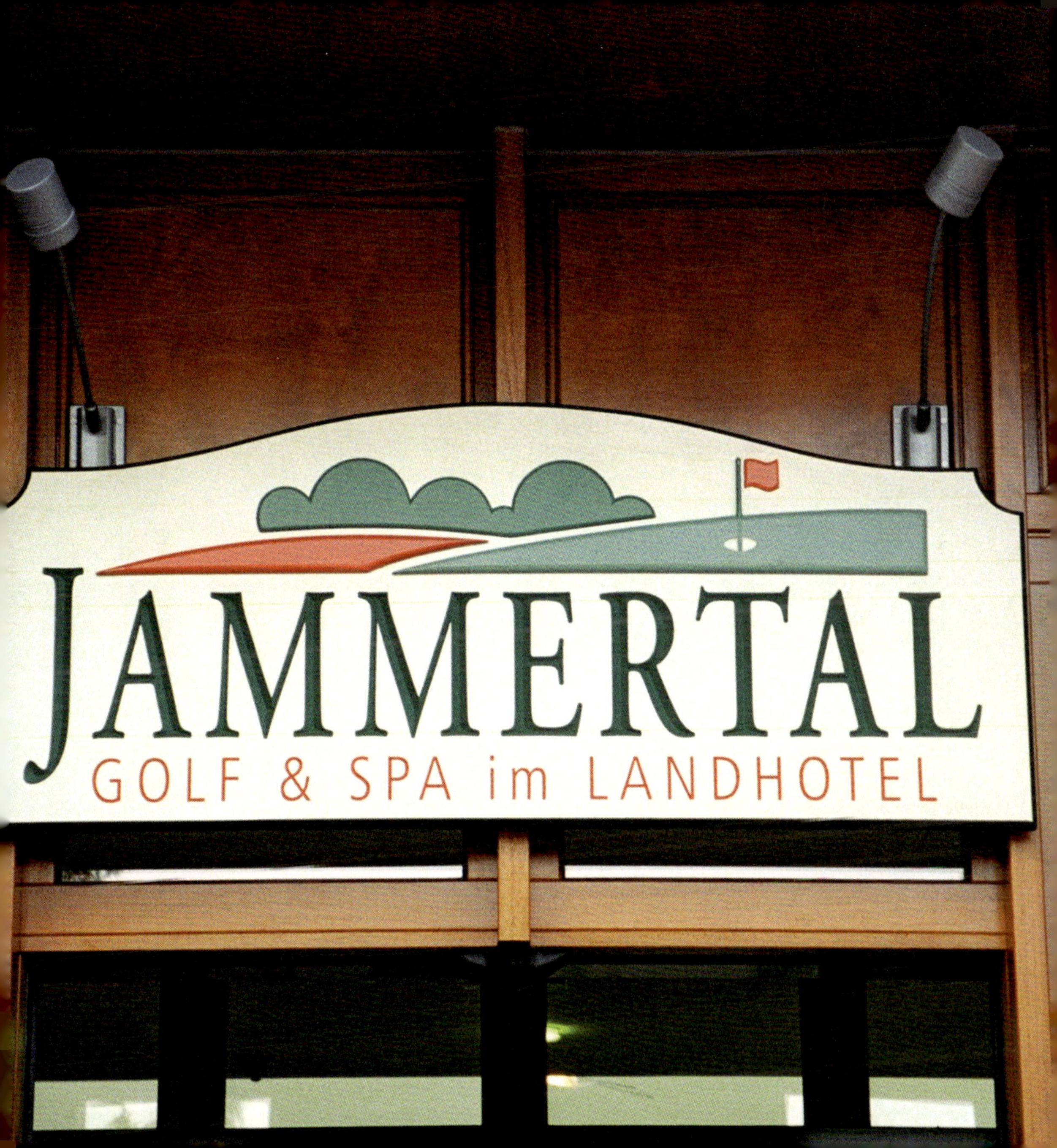
JAMMERTAL
GOLF & SPA im LANDHOTEL

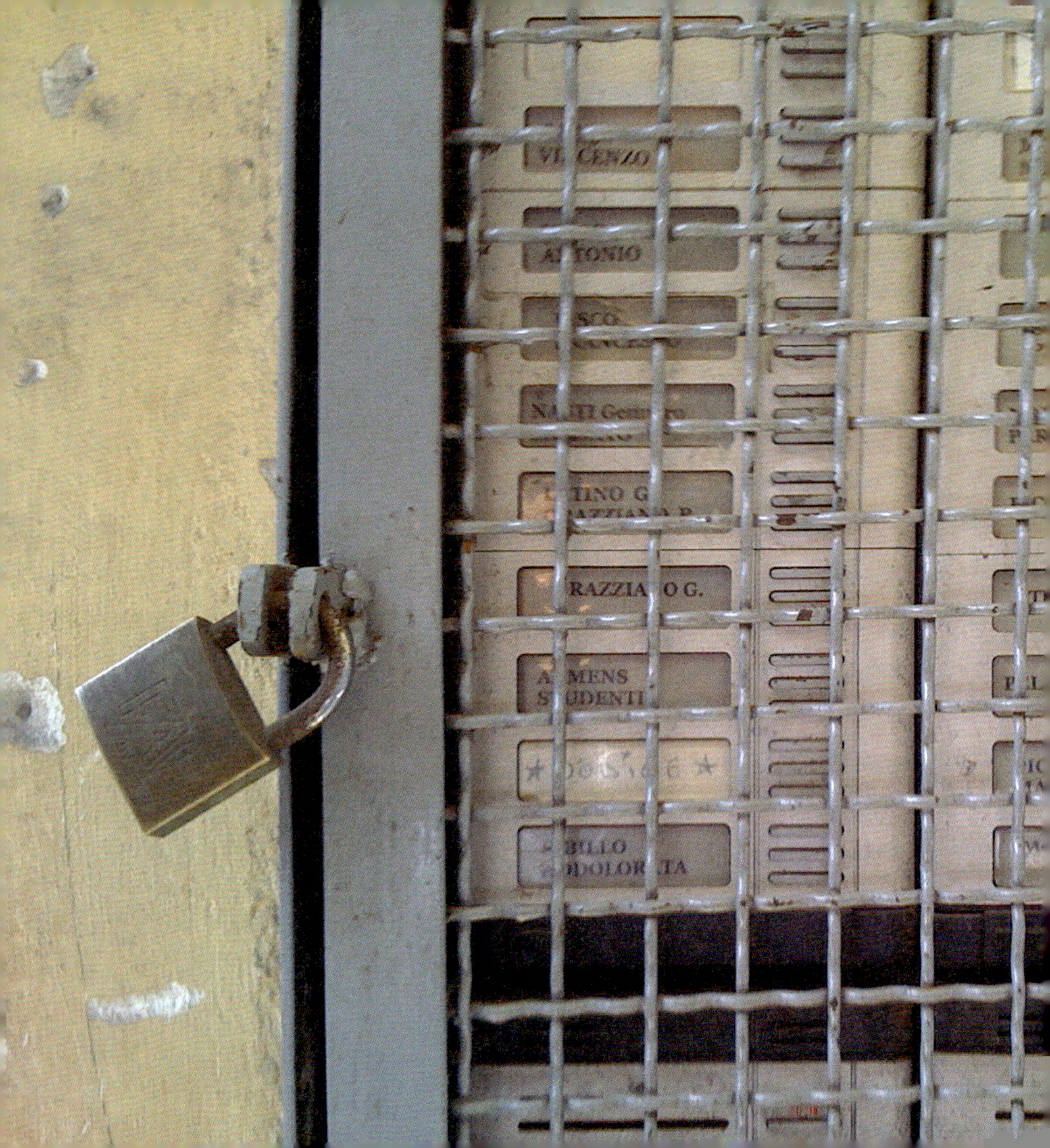

»Die Wahlplakate machen mich traurig.«
»Sind doch nur Namen. Und Versprechungen.«
»Eben. Und das macht mich traurig.«
In meiner Stadt kandidieren ein Vater und sein Sohn, Arm in Arm, für die FDP. Ich glaube ihnen kein Wort.

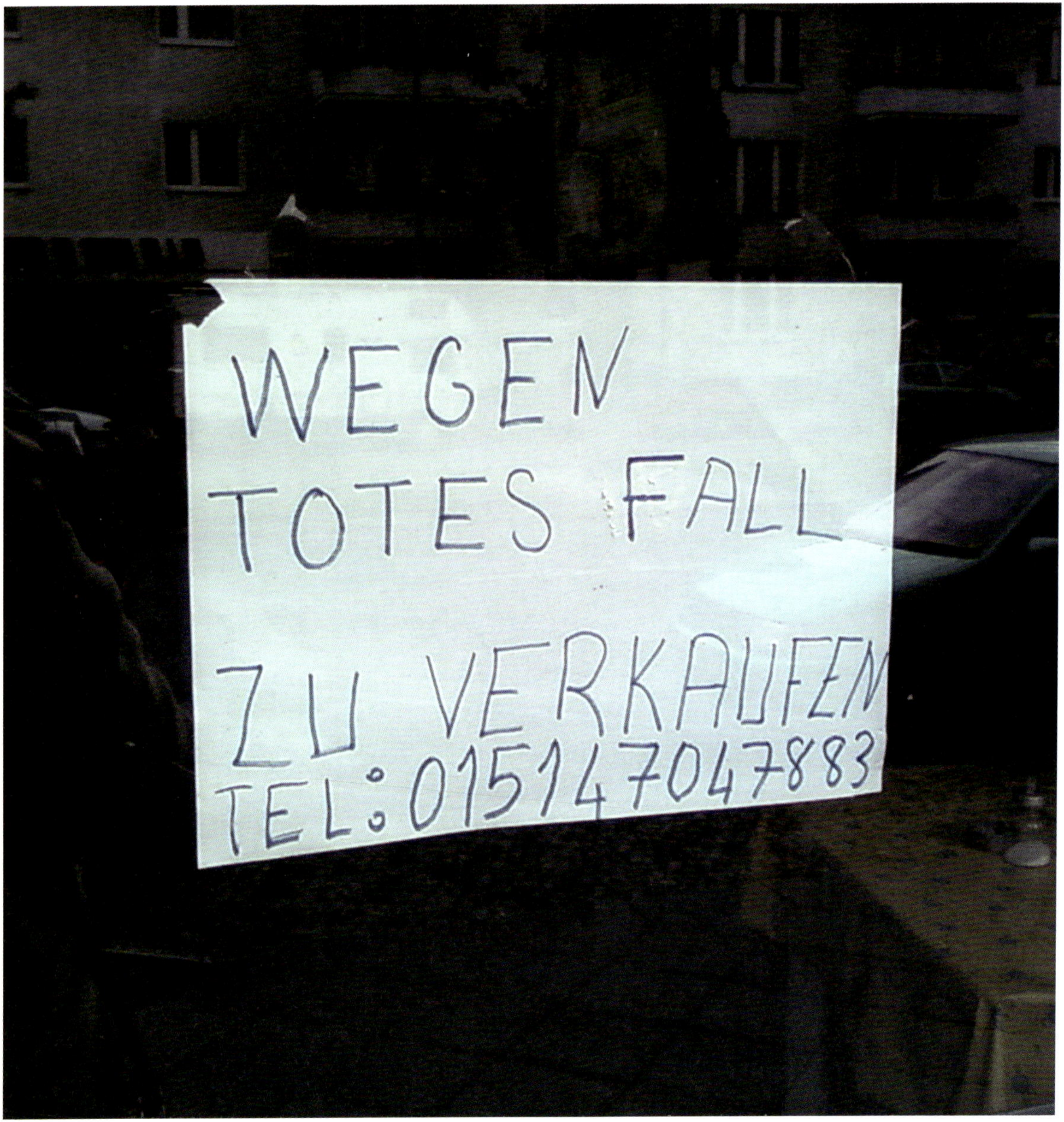
WEGEN
TOTES FALL
ZU VERKAUFEN
TEL: 015147047883

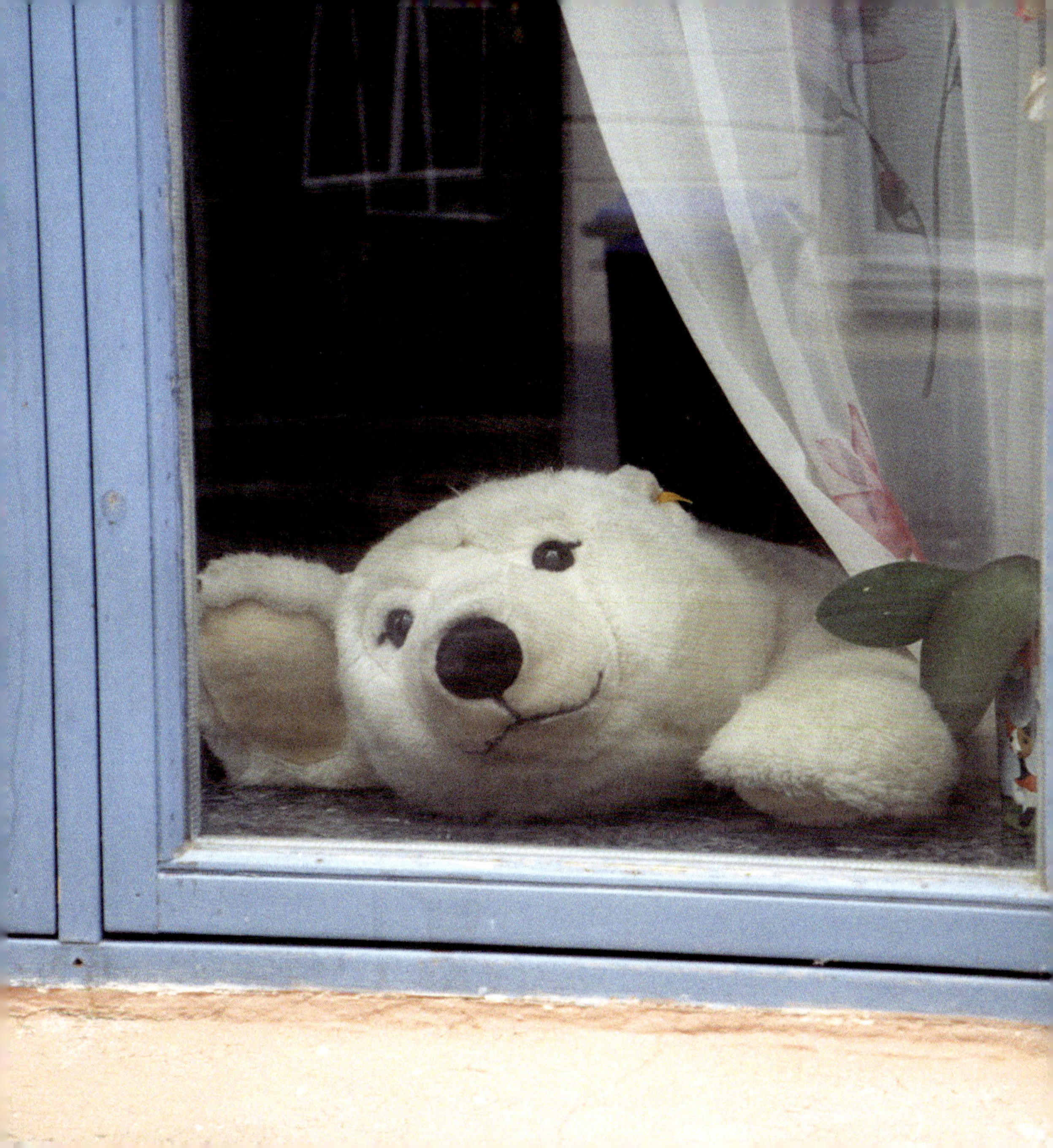

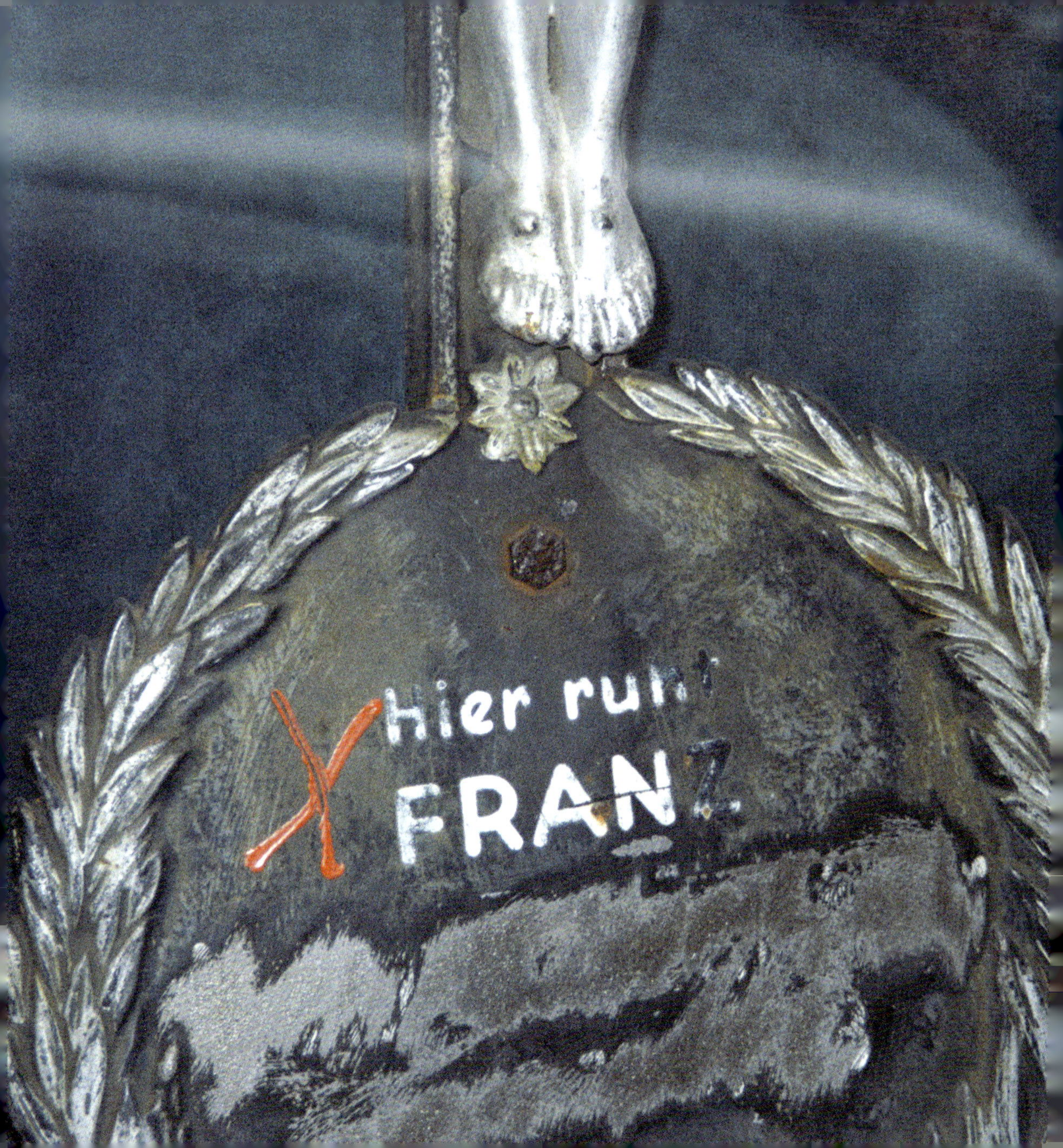

Hier ruht
FRANZ

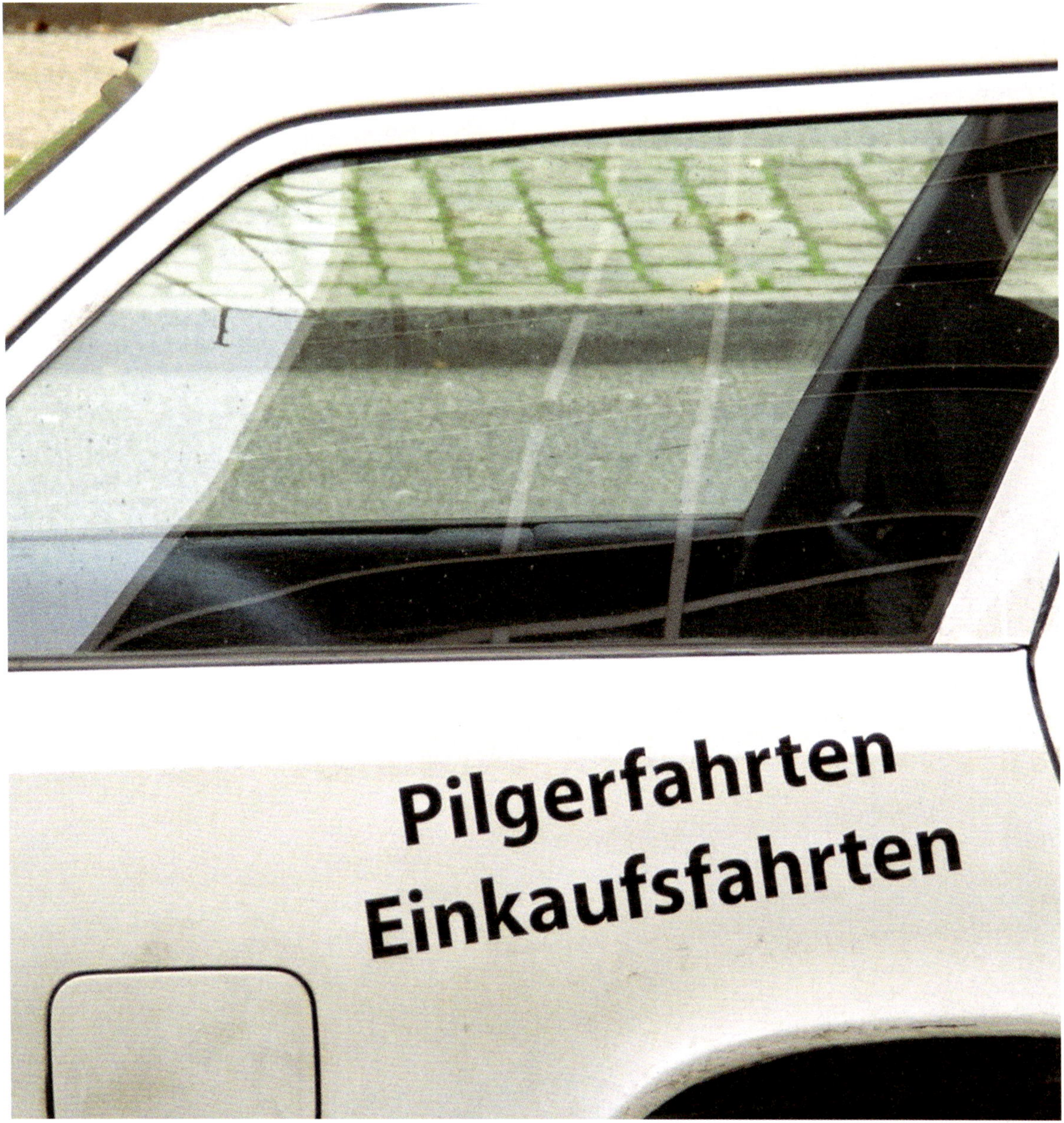
Pilgerfahrten
Einkaufsfahrten

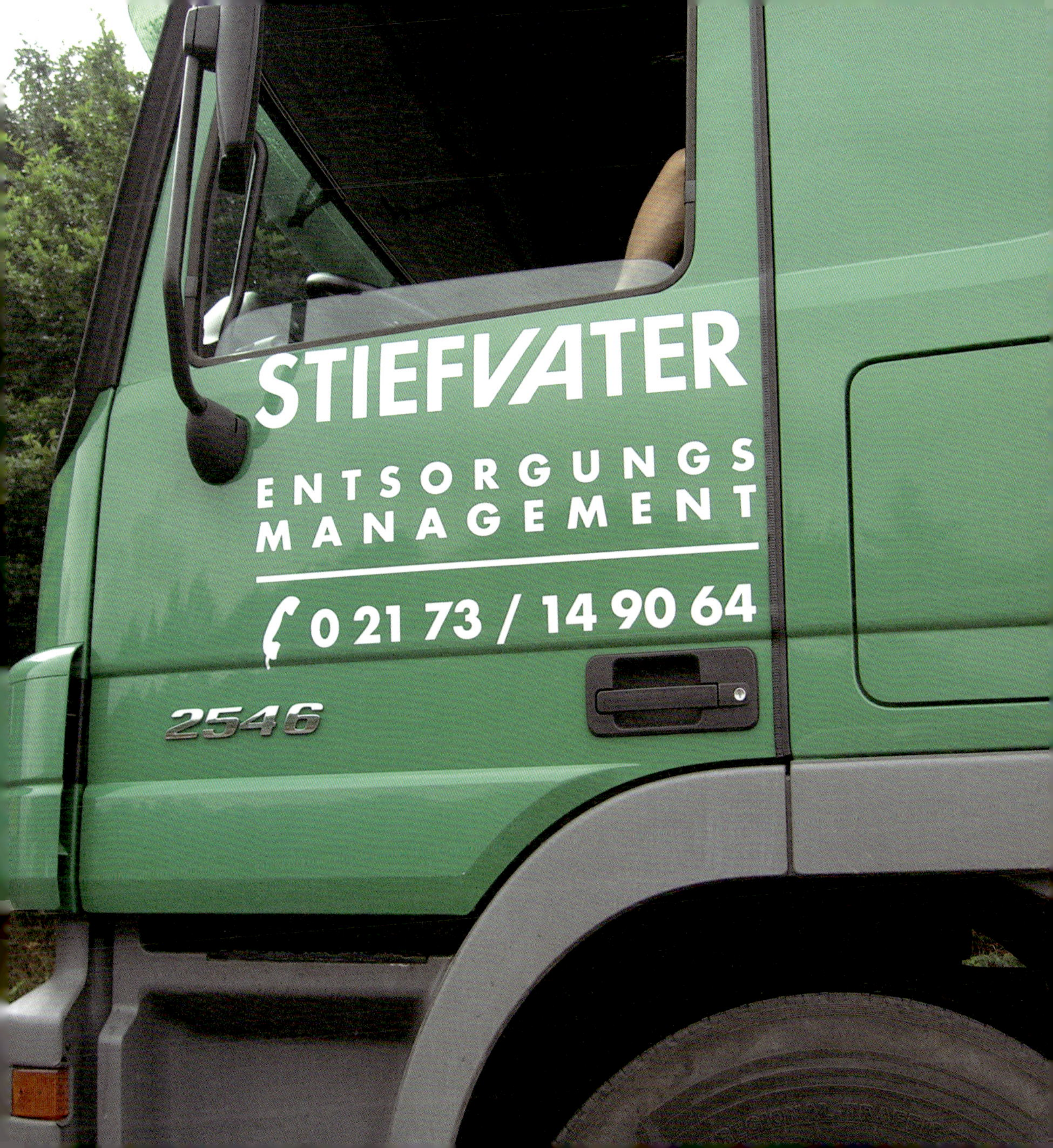
STIEFVATER
ENTSORGUNGS
MANAGEMENT
0 21 73 / 14 90 64
2546

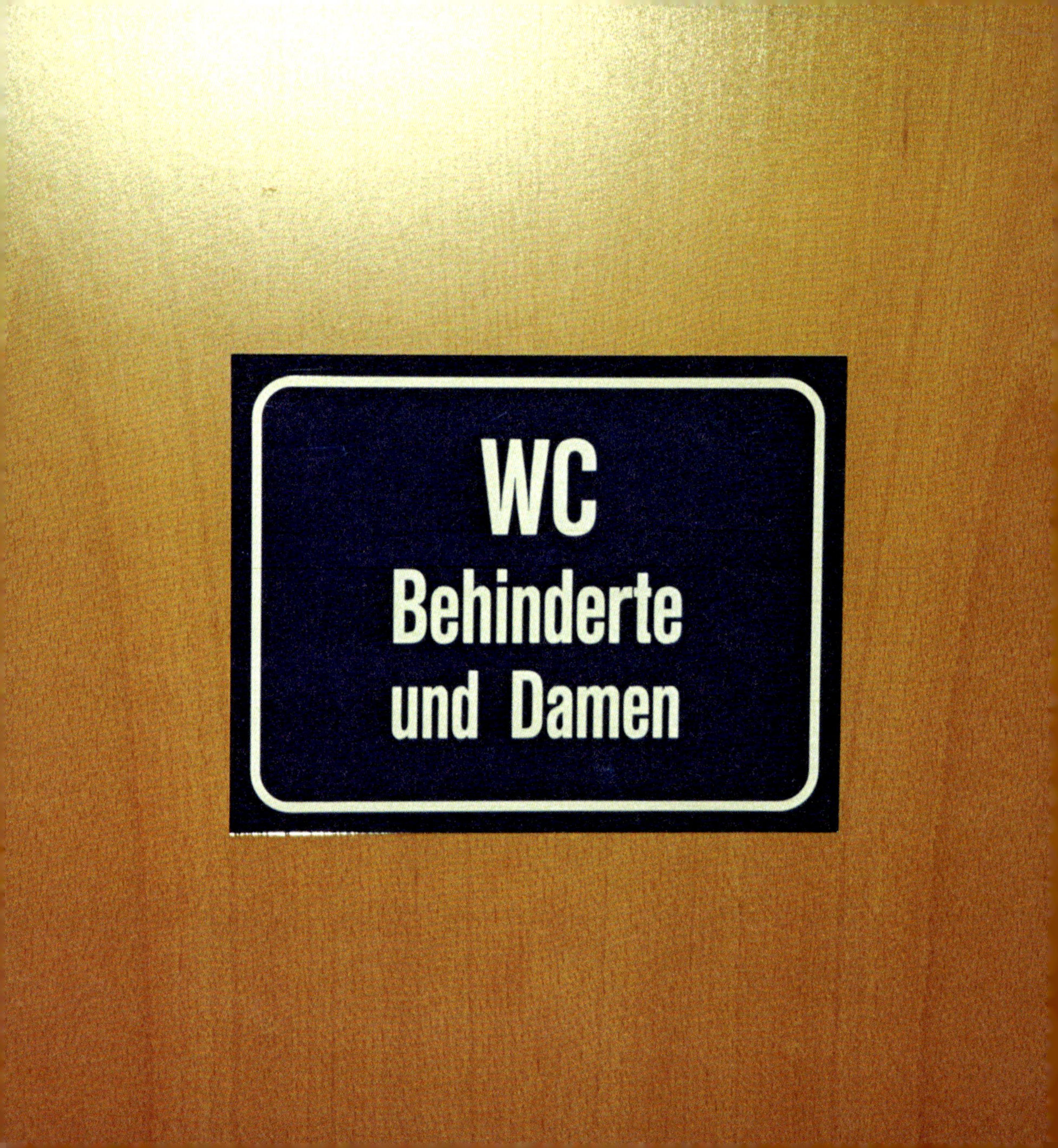
WC
Behinderte
und Damen

Schöner Satz:
»Die vielen Niederlagen haben meinen Rücken gerader werden lassen – meinen Mittelfinger aber auch.«

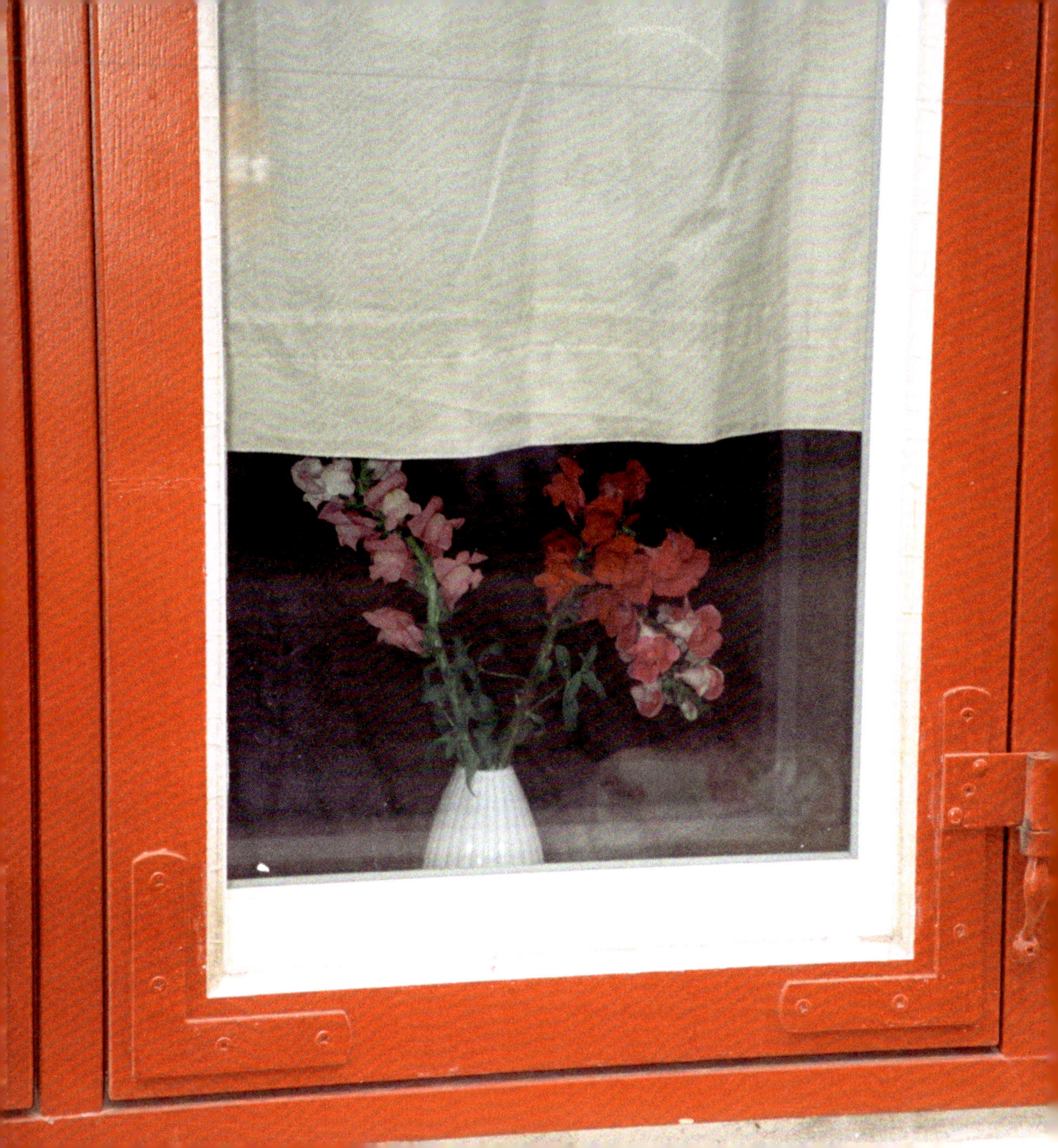

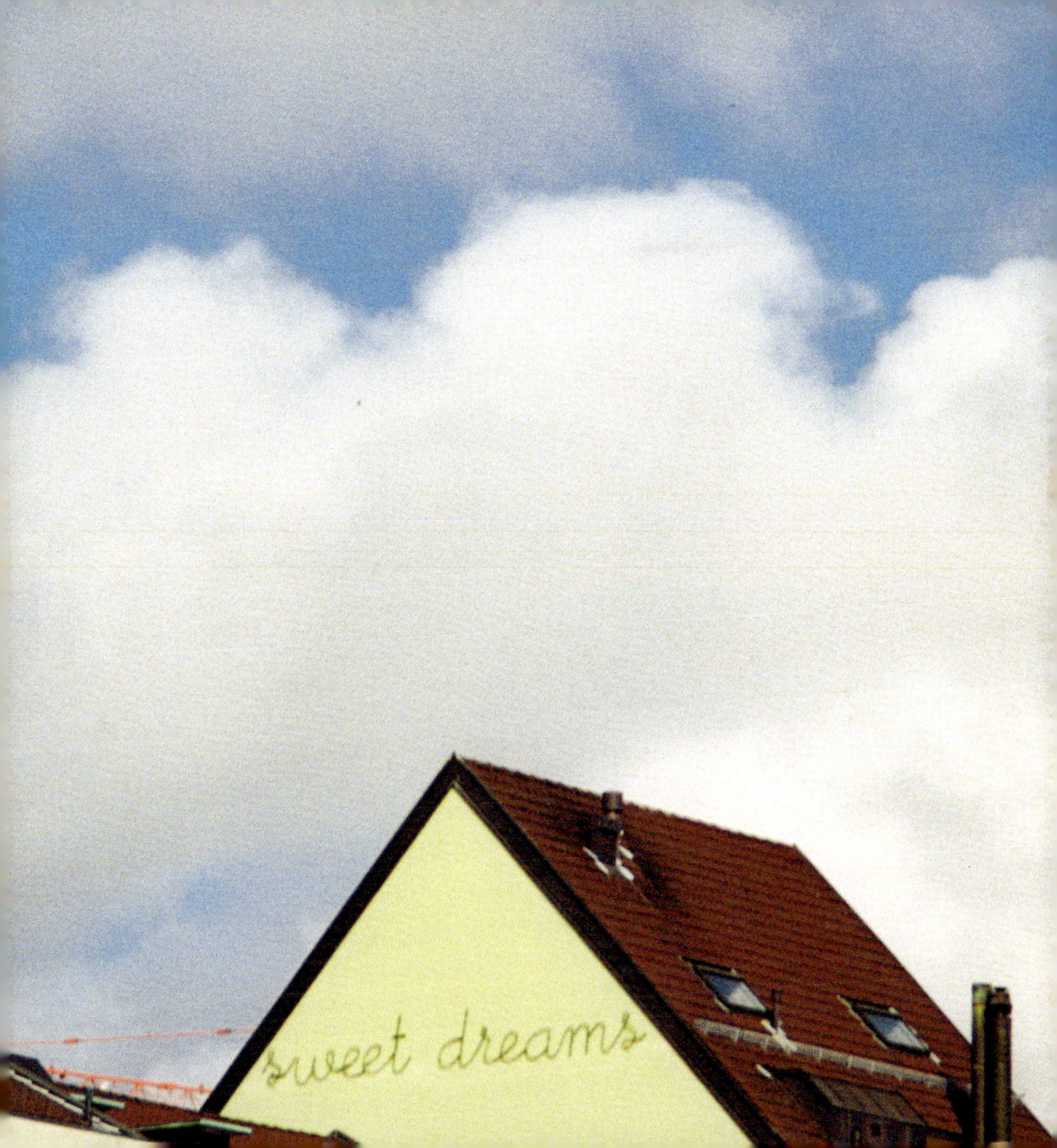
sweet dreams

Bildnachweis

Alle Fotos © Jess Jochimsen, außer
S. 15, Technische Standortaufgabe © Jakob Roether | S. 23, Sarglager; S. 62, Hochzeitsreis; S. 66, Paradies; S. 68, Reiterhof, Friedhof, Bahnhof; S. 100, Ausland © Uli Maier (www.cityslide.de) | S. 29, Blumenkasten © Matthias Keller (www.solomatt.de) | S. 29, Hundewurst © Dirk Schilling (www.filmpalast.co.uk.) | S. 30, Romantische Brautträume; S. 148, Totes Fall © Peter Frank (www.zebrano-theater.de) | S. 44, Hotel Goethe © Dietrich Roeschmann (www.textundpartner.de) | S. 47, Reserviert für CDU © HaDee Wöhrle (www.bildleister.de) | S. 58, Pabst Samen © Dominik Bloedner | S. 70, Delial © Urs Wiegering (www.ursart.de) | S. 71, Geile Gewerbeflächen © Anna Maria Scholz (www.annamateur.de) | S. 73, Ohrabdichtung © Ines Henne (www.josfritzcafe.de) | S. 76, Echt Leer © Pucky Kahla | S. 83, Kosmetik; S. 119, Leberwurstbaum © Hartmut El Kurdi (www.hartmutelkurdi.de) | S. 108, Crazy Horst © Uwe-Horst Engler | S. 119, Warning © Martin Mall (www.martinmall.com) | S. 119, Kolonialwaren © Vero Mickisch | S. 153, Stiefvater Entsorgung © Dennis Brause
Alle aufgelisteten Bilder sind Bestandteil der Sammlung Jess Jochimsen.

Der Titel des vorliegenden Buches und das diesem zugrunde liegende Schild (Liebespaare bitte hier küssen | S. 10) gehen auf eine wunderbare »Kunst im öffentlichen Raum«-Aktion der Künstlerin Vera Burmester zurück (Hannover-Linden, 2005); herzlichen Dank dafür.

Von Jess Jochimsen sind im Deutschen Taschenbuch Verlag außerdem erschienen:
Das Dosenmilch-Trauma (dtv 20370)
Flaschendrehen (dtv 20568)
DanebenLeben (dtv 21034)
Bellboy (dtv 21402)
Was sollen die Leute denken (dtv 14048)
Krieg ich schulfrei, wenn du stirbst? (dtv 34715)

Originalausgabe 2013

www.dtv.de

Umschlaggestaltung: Dietrich Roeschmann unter Verwendung eines Fotos von Jess Jochimsen
Satz und Layout: Dietrich Roeschmann, text + partner, Freiburg
Produktion: Peter Blöcher, text + partner, Freiburg
Gesetzt aus der DIN und Candida
Druck und Bindung: Firmengruppe APPL, aprinta druck, Wemding
Gedruckt auf säurefreiem, chlorfrei gebleichtem Papier
Printed in Germany
ISBN 978-3-423-34772-3

Dank

Für Kritik, Hilfe und Anregung danke ich: Patrick Simon, Alexia Agathos, Hannes Ringlstetter, Sibylla Huerta-Krefft, Achim Schley, Fotolabor Peter Trenkle (Freiburg), Druckerei Schwarz auf Weiss (Freiburg), Michael Stauffer, Uwe Neuhaus, Peter W. Hermanns, Urs Wiegering, Katharina Festner und Regina Leonhart.

Des Weiteren: Meinen Tour-Gefährten Sascha Bendiks, Olaf Reuter, Jan Hucklenbroich und Joscha Muschal, die oft auf mich warten mussten, wenn ich »noch schnell was knipsen« wollte. Ich danke Dietrich Roeschmann, der um ein Vielfaches mehr zu diesem Buch beigetragen hat, als sich hinter dem Kürzel »Satz und Layout« versteckt. Dieter, es war größte Freude, mit dir zu arbeiten.

Vor allem aber danke ich all jenen Menschen, die meine Leidenschaft für das Abseitige, Versteckte, Schäbige und Bizarre teilen, die mit offenen Augen und Herzen durch die abgelegenen und abgelegten Orte flanieren und mir immer wieder großartige Fotografien geschickt haben. Einige dieser Bilder bereichern dieses Buch (siehe Fotonachweis). Dieser Dank gilt ausdrücklich auch jenen, deren Fotos sich nicht gedruckt wiederfinden. Jedes einzelne Bild (und die Tatsache, dass ihr an mich gedacht habt) hat mich auf seine Art glücklich gemacht.

(Es sind zu viele liebe Menschen, um sie alle namentlich nennen zu können, aber müsste ich drei – stellvertretend – herausgreifen, so wären das Dominik Bloedner, Jakob Roether und vor allem Uli Maier, die schon lange »mit auf dem Weg sind« und deren »Weltsicht« ich mich sehr verbunden fühle.)

Abschließend sei den Bewohnerinnen und Bewohnern des städtischen Hinterlandes gedankt, die sich auf wundersame Art und Weise gegen die Gentrifizierung stemmen und den Städten Leben abtrotzen.

»Come with me, together we can take the long way home.« *Tom Waits*

J. J., Frühjahr 2013

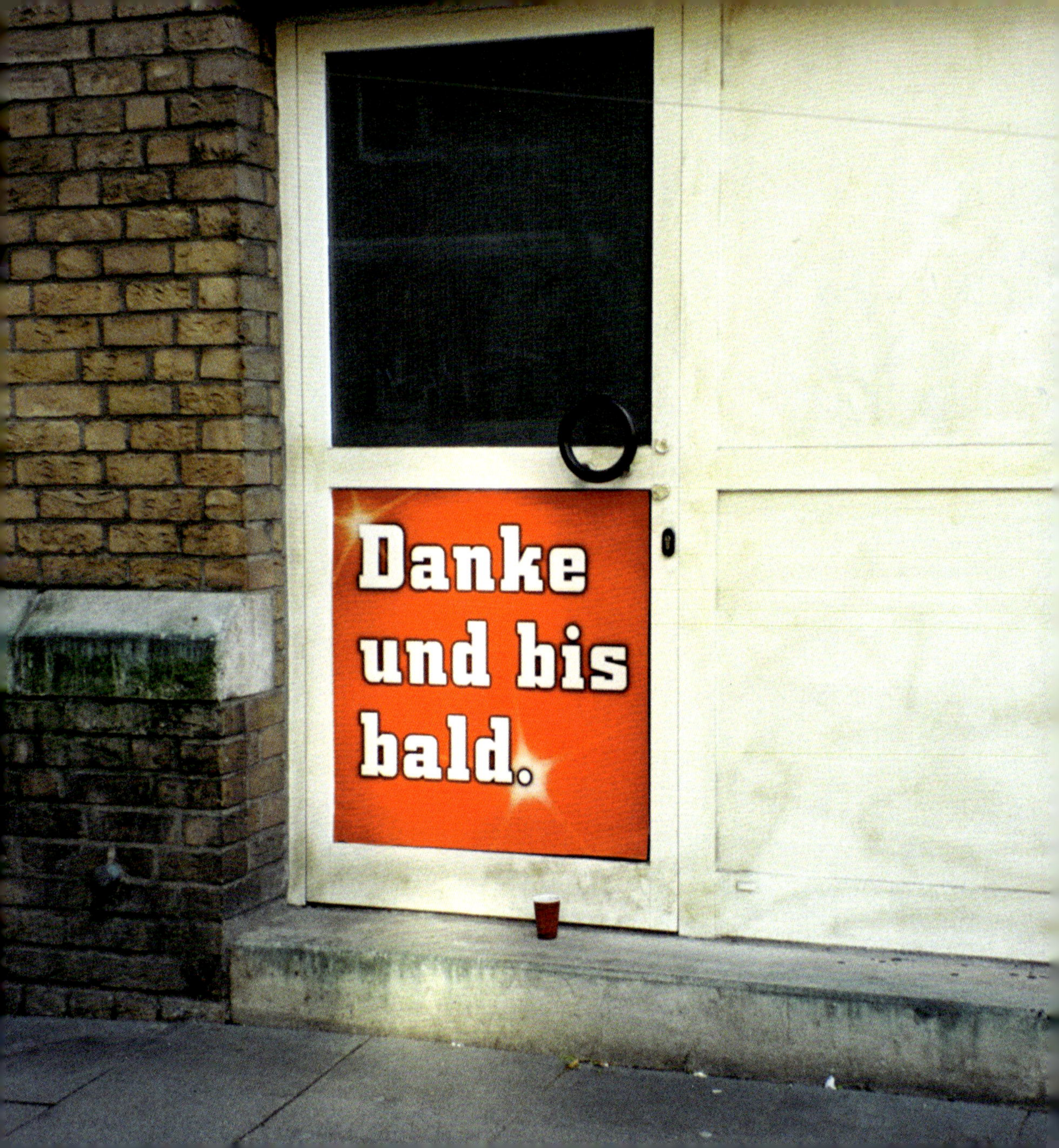
Danke
und bis
bald.